Qui veut la peau des maires de France ?

LUC CHATEL

QUI VEUT LA PEAU DES MAIRES DE FRANCE ?

le cherche midi

Du même auteur

Médias – La faillite d'un contre-pouvoir, avec Philippe Merlant, préface de Miguel Benasayag, Fayard, 2009
Les Tartuffes du petit écran – De Thierry Ardisson à Éric Zemmour, le bal des faux impertinents, Jean-Claude Gawsewitch, 2012
Civitas & les nouveaux fous de Dieu, Temps Présent, 2014
La Face cachée d'Éric Zemmour, préface de Denis Robert, Arcane 17, 2022

Vous pouvez consulter notre catalogue général
et l'annonce de nos prochaines parutions sur notre site :
www.cherche-midi.com

92, avenue de France
75013 Paris

Conception graphique : Justine Dupré
Composition : Nord Compo
Dépôt légal : avril 2024
ISBN 978-2-7491-7832-5

« Les maires sont à portée de baffes. »

Philippe Van-Hoorne,
maire de L'Aigle (Orne), 2023

SOMMAIRE

INTRODUCTION

Pendant longtemps, le mandat de maire pouvait se résumer en deux mots : passion et vocation. Aujourd'hui, ce sont deux autres termes qui le désignent : agressions et démissions. Depuis les élections municipales de 2020, il y a 450 maires qui démissionnent chaque année (contre 350 durant la précédente mandature). Dans la seule région Bourgogne-Franche-Comté, 84 maires ont remis leur mandat entre 2020 et 2023, soit une hausse de 44 % par rapport à 2014-2020. Des chiffres qui ne révèlent pas tout à fait la réalité de leur état d'abattement. Une étude réalisée début 2020 par l'Association des maires de France (AMF) indiquait que 49 % des sondés ne souhaitaient pas reconduire leur mandat aux élections municipales de mars. Un taux qui montait à 54 % chez les maires de communes de moins de 500 habitants. Or 65 % des maires en exercice se sont finalement présentés. De nombreux maires restent donc par pur devoir. Ou par manque de candidats. La passion s'est éteinte. Reste la vocation. Mais pour combien de temps ?

La déprime générale qui touche les maires de France s'explique en partie par la montée des violences dont ils sont la cible. Près de 70 % d'entre eux disent avoir été victimes d'incivilités en 2023, soit 16 % de plus qu'en 2020, d'après une étude du Cevipof, le Centre de recherches politiques de Sciences Po, publiée pour le 105e Congrès de l'Association des maires de France, en novembre 2023[1]. « S'attaquer à un élu, parce qu'il est élu, traduit ce que nous constatons : c'est une attaque contre la République tout simplement. Nous sommes à un tournant dangereux de notre démocratie », a déclaré le président de l'AMF et maire (LR) de Cannes, David Lisnard, en conclusion de ce congrès, où il a voulu lancer « un cri d'alarme et de mobilisation ». Il a rappelé qu'en mai et juillet 2023 deux violentes attaques ont visé les maires de Saint-Brevin-les-Pins (Loire-Atlantique) et de L'Haÿ-les-Roses (Val-de-Marne) : leurs maisons ont été incendiées et leurs familles menacées.

Ces agressions très médiatisées ont permis de mettre en lumière un phénomène jusque-là trop peu abordé : celui des menaces dont les élus sont la cible. Le quotidien des maires de France est ponctué d'insultes et d'agressions qui virent parfois à l'attaque physique. La tension entre les administrés et leurs élus s'est particulièrement accrue avec la crise du Covid. Certaines de ces altercations se terminent tragiquement. Comme le 5 août 2019, à Signes, commune de 2 700 habitants du Var, quand le maire de 76 ans, Jean-Mathieu Michel, a voulu empêcher un habitant de déverser des déchets sur un terrain municipal et a été mortellement écrasé par le véhicule de ce dernier (condamné pour homicide involontaire, avec la circonstance aggravante de traces de produits stupéfiants trouvées dans son sang). Ou comme le 11 février 2022, à Rezé, commune de 43 000 habitants de Loire-Atlantique, quand le maire de 58 ans, Hervé Neau, a été retrouvé pendu dans sa mairie. Il avait été pendant plusieurs semaines la cible d'un corbeau qui lui avait envoyé, ainsi qu'à des membres de sa famille, à des élus et à un journaliste, des courriers diffamatoires mentionnant sa vie privée. Avant de se suicider, le maire a laissé sur son bureau une lettre manuscrite dans laquelle il expliquait que ce harcèlement était l'unique raison de son geste.

Le constat dressé par les élus rejoint celui de nombreux observateurs : ces agressions sont en forte hausse ces dernières années. Elles sont très souvent le fait d'habitants de moins en moins investis dans la vie publique, plus motivés par leurs intérêts personnels que par l'intérêt collectif. De citoyens attentionnés, ils sont devenus des consommateurs irascibles. Cette pression consumériste des administrés s'ajoute à une autre, moins spectaculaire mais tout aussi éprouvante pour les maires : l'hostilité de l'État. Elle se manifeste tout d'abord dans l'accumulation de normes et de règlements qui font peser sur eux des contraintes juridiques, techniques et financières. Les petites communes ont notamment beaucoup de difficultés à les affronter. Tous les gouvernements récents ont promis d'alléger le poids des normes. Aucun ne l'a fait. Une hostilité qui s'est exprimée aussi par le biais de plusieurs lois, adoptées sous des gouvernements de tous bords politiques, depuis la présidence de Nicolas Sarkozy jusqu'à celles de François Hollande et d'Emmanuel Macron. Sous couvert de décentralisation et de métropolisation, elles ont contribué à retirer aux communes des compétences et de l'autonomie au profit de nouvelles entités au sein desquelles elles se retrouvent diluées, pour ne pas dire noyées : les établissements publics de coopération intercommunale (EPCI). La plus connue et la plus contestée est la loi sur la Nouvelle Organisation territoriale de la République, dite loi NOTRe, de 2015. En 2020, un article du *Monde* révélait que 1 700 communes avaient disparu depuis son application[2]. Et si c'était là, d'ailleurs, le véritable objectif recherché : la disparition des communes ? Un objectif jamais avoué mais qui se concrétise chaque jour un peu plus.

Le maire est devenu à la fois l'objet du mépris de l'État et des colères des Français, dont il a pourtant longtemps été l'élu préféré. Ce dernier point s'illustre notamment par un troisième type de pression, judiciaire cette fois, pour toujours plus de contrôle et de transparence, jusqu'à l'excès. Un maire peut être poursuivi et condamné pour un panneau de basket mal fixé ou une subvention de 250 euros versée à une association de poterie. Les personnes qui engagent les poursuites ne le font pas toujours pour de grands principes moraux mais pour des intérêts particuliers, motivées par une concurrence électorale ou une vengeance personnelle. Quitte à détourner des principes et des outils de lutte anti-corruption pour atteindre leur but. À l'exemple de ce qui s'est passé ces dernières années dans plusieurs communes avec l'association Anticor. Parce que des personnalités politiques de premier plan ont été poursuivies dans le cadre d'affaires très médiatisées dès les années 1980, le conflit d'intérêts est devenu une obsession pour des citoyens et magistrats qui veulent l'éradiquer à tous les niveaux et à tout prix. Mais ceux qui en paient le prix fort sont des élus de petites communes qui n'ont aucun intérêt personnel en jeu, ni de pouvoir ni d'argent. Et quitte à ce qu'au sommet de l'État les pratiques se perpétuent, avec des enjeux d'une tout autre ampleur. N'a-t-on pas vu en 2023, pour la première fois dans l'histoire de la Ve République, un garde des Sceaux en exercice être jugé pour conflit d'intérêts par la Cour de justice de la République ?

Mis bout à bout, tous les obstacles qui se dressent sur la route des maires finissent par rendre leur mandat invivable et impossible. Particulièrement dans les petites communes. Ce qui entraîne un nombre croissant de démissions. Et une difficulté, voire une impossibilité pour un très grand nombre d'entre eux de trouver un successeur. Ce qui se dessine sous nos yeux n'est rien d'autre que la chronique d'une mort des communes annoncée. Alors qu'il est agressé par ses administrés et méprisé par l'État, que reste-t-il au maire ? Pas grand-chose, si ce n'est l'inauguration des chrysanthèmes.

Mais faut-il vraiment s'en étonner ? Depuis de nombreuses années déjà, les grandes lignes de la politique française ne varient guère. Sur les plans économique et social se déploie un néolibéralisme plus ou moins agressif ayant pour moteurs l'individualisme et le consumérisme, qui alimentent les violences anti-maires. Sur le plan institutionnel s'est installé un mode de gouvernance de type monarchique inspiré par la Constitution de la Ve République, qui finit par épuiser la démocratie en écartant les corps intermédiaires et, parmi eux, les maires. La combinaison de ces deux processus amène à un modèle de société où des citoyens-consommateurs sont gouvernés par un président jupitérien. Ce face-à-face mortifère entre l'individu-roi et le président-monarque a caractérisé le mandat des trois derniers présidents de la République, comme nous le rappellerons dans cet ouvrage.

Après avoir exposé le constat glaçant d'une montée de violences inédites contre les maires, nous expliquerons comment le mandat de ces derniers a été fragilisé et entravé par une série de lois dénotant une attitude hostile de l'État. Puis nous décrirons le climat de défiance qui s'exprime contre eux à travers des procédures judiciaires de plus en plus fréquentes et parfois détournées. Enfin, nous aborderons les pistes proposées tant par les associations d'élus que par l'État pour remédier à ce grand malaise des maires. Mais sans une action politique vigoureuse et déterminée pour revaloriser ce mandat, sans un changement radical des pratiques institutionnelles et sans un renversement des valeurs d'inspiration néolibérale plus installées que jamais dans notre société, c'est bel et bien la disparition de la commune qui se profile à l'horizon.

Et avec elle, c'est un pilier fondateur de l'organisation démocratique et sociale du pays qui risque de s'effondrer. Cet ouvrage a pour seule et modeste ambition d'ouvrir un débat en soulevant une question que personne n'ose vraiment poser : qui veut la peau des maires de France ?

PARTIE 1

Des citoyens-consommateurs

Quand il s'est lancé dans l'aventure municipale, Bernard Aurisset n'avait pas vraiment le profil type du maire de village, en général âgé de plus de 60 ans, retraité, agriculteur ou fonctionnaire. Élu en 2008 maire (sans étiquette) de Ledeuix, commune de 1 050 habitants située dans les Pyrénées-Atlantiques, Bernard Aurisset avait alors 50 ans et une situation très confortable de cadre dans l'aéronautique chez Safran. La vie politique, il la connaissait à travers les repas en famille, quand il échangeait avec son beau-frère et secrétaire d'État socialiste Henri Emmanuelli. Ancien talonneur de rugby, il reconnaît être d'un tempérament fonceur, ne redoutant ni les obstacles ni les conflits, et plutôt hyper-actif : pour Bernard Aurisset, une journée sans défis à relever n'a aucun intérêt. Mais rien ne l'avait préparé à ce qu'il a subi et affronté en tant que maire de son village. Rien ne l'avait préparé à devenir la cible de l'un de ses habitants, en décembre 2021, et à être mis à terre, le visage en sang, devant l'école de ses petits-enfants. Rien ne l'avait préparé à se battre seul, malgré l'État et parfois contre lui. Pourtant, il avait déjà connu une alerte, quelques années avant cet événement, pendant son deuxième mandat.

Dans la nuit du mardi 22 novembre 2016, à 3 heures du matin, son téléphone sonne. Quand Bernard Aurisset répond, une voix affolée lui dit : « Il y a le feu à l'école. » Arrivé sur place avec les pompiers, il aperçoit quelqu'un qui s'enfuit en courant. « On l'a reconnu assez vite, car il avait déjà été vu en train de mettre le feu aux poubelles un jour précédent », raconte le maire. De plus, la porte de l'école était défoncée, ce qui accréditait la thèse de l'incendie criminel. Après que l'incendie a été éteint et que vérification a été faite qu'il n'y avait aucune victime, il a fallu aussitôt engager une course contre la montre afin de redonner au plus vite aux 125 élèves de l'école un bâtiment où reprendre les cours. Il a fallu aussi, dans cette petite commune où tout le monde se connaît, apporter du réconfort à une population traumatisée qui s'est dit que ce drame aurait pu se produire en plein jour, avec des dizaines d'enfants à l'intérieur. Le maire a dû alors affronter toutes sortes d'obstacles techniques et administratifs, frapper à toutes les portes, jusqu'à celles des ministères, pour installer une école temporaire dans des bungalows, ce que le préfet avait refusé. Ce fut pourtant fait en quelques jours, dès le lundi suivant. « Devant les refus et les mauvaises volontés, j'ai commencé à péter un câble », confie aujourd'hui l'élu avec beaucoup de franchise. Jamais il n'avait imaginé qu'être maire de son village l'amènerait à vivre un tel enfer. Le choc a été rude. Et le préjudice financier énorme pour la commune : plus de 2 millions d'euros. « Pour la première fois depuis que j'avais été élu, je me suis demandé ce que je foutais là. » Sa famille l'a poussé à démissionner. Mais Bernard Aurisset est dans la vie comme sur un terrain de rugby : être en première ligne ne l'effraie pas, au contraire, même devant un solide pack de problèmes. En revanche, il a réalisé qu'il ne pouvait plus mener de front sa fonction de maire et son métier. Après quarante et une années passées chez Safran, il a demandé et obtenu une rupture conventionnelle. Le lundi 2 janvier 2017, après les fêtes de Noël, l'ancienne école rouvrait ses portes. L'auteur des faits a été condamné en 2021 à quatre ans de prison, à une amende de 5 000 euros pour préjudice moral ainsi qu'à une condamnation pour préjudice matériel… de 2,14 millions d'euros.

Envoyé au sol, le visage en sang

Mais l'épisode le plus violent, Bernard Aurisset l'a vécu au début de son troisième mandat. Ce jour de décembre 2021, cela fait des mois qu'un habitant installé dans la commune en 2019 était devenu source de problèmes. « Il laissait traîner ses ordures ménagères, était agressif avec ses voisins, avait des chiens qui se jetaient sur le facteur, et j'avais repéré qu'il faisait des petits trafics », raconte le maire. Il décide d'en parler aux gendarmes, qui lui répondent qu'ils ne peuvent rien faire et ajoutent sans plus de précision : « On est dessus. » Mais rien ne se passe. Alors Bernard Aurisset décide d'écrire au procureur. « Après avoir reçu mon courrier, le procureur a eu la bonne idée de demander aux gendarmes d'aller voir cette personne pour lui dire que je m'étais plaint de son comportement. Vous imaginez bien que ça ne l'a pas calmé, au contraire ! » C'est ainsi que le jeudi 9 décembre, alors qu'il accompagne ses petits-enfants à l'école avant leur départ en classe de ski, Bernard Aurisset croise cet habitant, âgé d'une vingtaine d'années, venu déposer les enfants de sa compagne. « Dès qu'il m'a vu, il s'est mis à me parler de façon violente et vulgaire, et à insulter les parents d'élèves présents. Comme je ne suis pas d'un tempérament à me laisser faire, je lui ai répondu “Tu commences à me gonfler”, et il m'a aussitôt bousculé. » Pour se défendre, le maire, alors âgé de 63 ans, donne un coup de tête à son agresseur qui répond avec plusieurs coups de poing, le projetant à terre, où il se retrouve allongé, le visage en sang. « Bien qu'un peu sonné, j'ai dû calmer plusieurs parents d'élèves qui voulaient lui faire sa fête », commente Bernard Aurisset. L'homme a ensuite été arrêté et placé en garde à vue. Le maire a compris plus tard pourquoi les gendarmes lui avaient dit : « On est dessus. »

« Après avoir été arrêté pour mon agression, il a été relâché, et m'a menacé de nouveau à plusieurs reprises. Jusqu'à ce qu'un jour j'entende un hélicoptère s'approcher du village en même temps que plusieurs sirènes de véhicules de police qui ont déboulé comme dans une série américaine. J'ai alors appris que les gendarmes le surveillaient depuis des mois car ils l'avaient vu faire des allers-retours fréquents en Espagne. Il a été arrêté et condamné pour trafic de cannabis et de cocaïne. Ils ont aussi trouvé des armes à feu chez lui. » Mais Bernard Aurisset ne comprend toujours pas pourquoi les gendarmes ou le procureur ne l'avaient pas informé. « Si j'avais su qu'il était surveillé et qu'ils faisaient tout pour l'arrêter, j'aurais peut-être agi différemment, avec plus de calme, et je ne lui aurais pas répondu. Pourquoi m'ont-ils laissé seul face à un individu aussi dangereux ? » Cet incident est venu s'ajouter à d'autres, moins violents mais plus fréquents. « Il y a une forte augmentation des comportements agressifs à mon encontre mais aussi contre la secrétaire de mairie, qui est la première au contact des habitants. J'ai fait afficher un panneau à l'accueil : "Parlez aux secrétaires avec le sourire." Les habitants sont toujours pressés, ils veulent tout, tout de suite, et deviennent colériques. Or ce sont toujours les mêmes problèmes qui créent des tensions : conflits de voisinage, demande de permis de construire, etc. » Le maire de Ledeuix continue de recevoir de temps à autre des menaces directes : « Tu ne finiras pas 2022 » ou « On va te couper la tête ». « Je n'ai pas vraiment peur pour moi et je veux aller au bout de ma mission, confie-t-il, quand on lui demande s'il n'a pas envie d'abandonner. En revanche, il m'arrive d'avoir peur pour ma famille. »

Une série noire sans fin

Bernard Aurisset n'est pas une exception. Ils sont de plus en plus nombreux, des centaines, voire des milliers de maires, à subir, comme lui, des menaces et des agressions verbales qui peuvent dégénérer en attaques physiques. Une remarque du voisin qui déplaît, une réglementation que l'on veut enfreindre sans frais, une réclamation qui ne trouve pas satisfaction immédiate… et le drame se produit en quelques secondes. Pour avoir signalé un dépassement de vitesse, des nuisances sonores ou une occupation illégale de l'espace public, des maires se font insulter, menacer et frapper. Pas seulement à coups de poing, mais avec des armes de toutes sortes et de toutes catégories : couteau, hache, machette, tronçonneuse, pistolet… Certains ont vu des habitants leur foncer dessus en scooter ou en voiture, incendier leur domicile, saboter leurs freins de voiture, menacer leur famille. L'un d'entre eux a été tué. D'autres ont fait des tentatives de suicide. Leur vie quotidienne ne s'écrit plus comme un sage devoir de Sciences Po en trois parties mais comme une série noire qui n'en finit pas. Le phénomène a longtemps été tu et sous-estimé par les pouvoirs publics. Parfois aussi par les maires eux-mêmes, qui ne voulaient pas faire de vagues ou considéraient que « cela fait malheureusement partie de la fonction », comme l'a confié l'un d'eux, après avoir été agressé à l'arme blanche, au sénateur (LR) Philippe Bas, auteur en 2023 d'un rapport intitulé « Plan d'action pour une plus grande sécurité des maires[1] ». Mais des affaires récentes d'agressions médiatisées ont permis de tirer enfin le signal d'alarme.

La plus retentissante s'est déroulée en Loire-Atlantique, au printemps 2023. À Saint-Brevin-les-Pins, le mercredi 22 mars, peu après 5 heures du matin, des passants qui allaient travailler ont aperçu des flammes jaillir d'une maison. Ils ont aussitôt prévenu les pompiers : grâce à leur intervention, le drame a été évité de justesse. À l'intérieur dormaient le maire de la commune, Yannick Morez (divers droite) et son épouse. Une partie de leur domicile ainsi que deux véhicules ont été détruits. Les experts ont aussitôt écarté la piste accidentelle. Une enquête a été ouverte pour « destruction volontaire par incendie sur personne dépositaire de l'autorité publique ». Les jours précédents, le maire avait été la cible de menaces en raison de son soutien à l'installation d'un centre d'accueil pour demandeurs d'asile (Cada). Après cette agression qui a fait la Une des médias, Yannick Morez a reçu d'innombrables témoignages de solidarité, tous partis politiques confondus. Une manifestation de soutien a rassemblé plus de 2 000 personnes. Le 11 mai, le président de la République s'est exprimé sur un réseau social : « Les attaques contre Yannick Morez, maire de Saint-Brevin-les-Pins, et contre sa famille, sont indignes. À cet élu de la République, à son épouse et ses enfants, je redis ma solidarité et celle de la Nation. » Des élus de toute la France ont saisi l'occasion de mettre en lumière les trop nombreuses agressions dont ils sont la cible. Catherine Veyssy, maire (sans étiquette) de Cénac, commune de 2 300 habitants de Gironde, a renvoyé son écharpe tricolore au président de la République en signe d'alerte. Elle précisait dans la « lettre ouverte » qui accompagnait son geste que les maires étaient devenus « les laissés-pour-compte de la République[2] ».

Quelques semaines après cette agression, le 10 mai 2023, le maire de Saint-Brevin annonce sa démission. Élu de sa commune depuis 2008, maire depuis 2017, il explique ainsi son choix radical qui fait l'effet d'un coup de tonnerre : « J'ai pris cette décision pour des raisons personnelles, notamment suite à l'incendie criminel perpétré à mon domicile et au manque de soutien de l'État, et après une longue réflexion menée avec ma famille. » Le 30 septembre 2023, il prend le large, au sens propre comme au figuré : il embarque avec sa femme sur un voilier pour une croisière autour du monde. Mais la vie de sa commune ne l'a pas quitté pour autant. Il intervient à plusieurs reprises sur les réseaux sociaux, en novembre 2023, pour soutenir celle qui lui a succédé à la mairie dans un dossier de centres médico-sociaux. Ainsi commence son message : « J'ai beau naviguer au loin, je suis toujours l'actualité de Saint-Brevin… » Le 4 décembre 2023, le centre d'accueil qui avait suscité l'agression du maire a finalement ouvert ses portes et accueilli ses premiers demandeurs d'asile.

Il n'aura pas fallu attendre quatre mois après l'incendie de la maison du maire de Saint-Brevin pour que des faits similaires se reproduisent. Alors que des émeutes éclatent fin juin 2023 dans de nombreuses villes de France à la suite de la mort de Nahel, un garçon de 17 ans tué par un policier à Nanterre (Hauts-de-Seine), de nombreux maires vont constater les dégâts commis dans leur commune et tenter d'en empêcher d'autres, essayant de ramener le calme et accompagnant policiers et pompiers dans leur rude tâche. C'est le cas de Vincent Jeanbrun, maire (LR) de L'Haÿ-les-Roses (Val-de-Marne). Dans la nuit du 1er au 2 juillet, à 1 h 30, il se trouve en mairie pour suivre l'évolution des violences dans sa ville lorsque son domicile, où dorment sa femme et leurs deux enfants âgés de 5 et 7 ans, est attaqué par une voiture bélier en feu, puis par une rafale de tirs de mortier. Sa femme se blesse grièvement à la jambe en tentant de s'échapper par le jardin avec les enfants. Une enquête est aussitôt ouverte pour « tentative d'assassinat ». « Si ce n'était pas la famille du maire, on ne se serait jamais fait attaquer[3] », commente Vincent Jeanbrun. Et pourtant, quand il demande à sa femme, elle aussi élue municipale, si elle souhaite qu'il démissionne, la réponse est claire : « Si on arrête la politique, c'est parce qu'on l'aura décidé, mais certainement pas parce qu'on a peur. »

Des agressions passées sous silence

Ces deux agressions très médiatisées en dissimulent des centaines d'autres, passées d'autant plus inaperçues qu'elles se déroulent dans de petites communes. Prenons par exemple le seul département des Côtes-d'Armor : plusieurs agressions s'y sont déroulées entre 2019 et 2023. À Callac, 2 200 habitants, où la mairie a présenté un projet de centre d'accueil pour réfugiés, les élus et leurs familles ont été victimes de menaces de mort. Le maire (sans étiquette) Jean-Yves Rolland a été le destinataire de menaces explicites telles que celles-ci : « Tu vas crever, collabo » ou « La seule chose qui attend le maire, c'est une balle dans la tête ». Il a fini par abandonner le projet. À Plougrescant, 1 220 habitants, les tensions ont commencé avec la décision prise par le conseil municipal d'augmenter le loyer du seul médecin de la commune, qui a annoncé par la suite son départ et suscité une manifestation de soutien des habitants. La maire (sans étiquette) Anne-Françoise Piédallu a d'abord reçu des menaces de mort puis découvert un matin qu'une roue de sa voiture avait été desserrée avant de constater un autre jour que les quatre freins de son véhicule ont été sectionnés. Elle n'a d'ailleurs pas été la seule destinataire de menaces, car les voitures d'agents communaux et de leurs proches ont aussi été ciblées : 24 pneus ont été crevés en quelques jours. Une enquête a été ouverte pour « tentative d'homicide et de menaces de mort réitérées ». À Calanhel, 230 habitants, le maire (Union du centre) Cyril Jobic a découvert un matin les murs de sa mairie et de son domicile tagués d'insultes apparemment liées à sa proximité avec le parti présidentiel La République En Marche (LREM) : « Collabo », « Élus tous pourris », « Corruption », « ISF », « LREM corruption ». Quant à Pierre Salliou, le maire (divers droite) de Pabu, 2 700 habitants, ce sont des excréments qu'il a découverts sur le rebord d'une fenêtre de sa maison et sur les poignées de sa voiture. Il a évoqué une possible vengeance personnelle. À la suite de cette sombre série qui ne concernait que des faits rendus publics, l'Association des maires de Côtes-d'Armor (AMF22) a lancé en 2023 un groupe de travail dédié aux problèmes d'agressions, intitulé « Comportement des citoyens face au respect de la fonction de l'élu ». « Nous voulons travailler dans deux directions, explique Philippe Le Goux, maire (PS) de Pléguien et vice-président de l'AMF22. D'une part, aider les maires à faire face à des situations de conflits et d'agressions, et d'autre part, sensibiliser les citoyens sur l'aspect inacceptable de tels comportements. »

Le constat est le même dans la plupart des départements de France. « Pour la première fois, j'ai vu un maire fondre en larmes devant moi », confie en décembre 2023 un journaliste qui côtoie au quotidien des maires de la Loire depuis des années. « J'ai eu la peur de ma vie », déclare Édouard Babel, le maire (sans étiquette) du village de Magnières, en Meurthe-et-Moselle, après avoir été mis à terre et roué de coups une nuit de juin 2023 parce qu'il avait demandé à un groupe de personnes réunies dans la salle communale de faire moins de bruit. D'après les chiffres du ministère de l'Intérieur, les agressions contre les élus, essentiellement des maires, ont augmenté de 32 % entre 2021 et 2022, soit 2 265 plaintes et signalements, et de 15 % entre 2022 et 2023, avec un total de 2 700 plaintes et signalements (d'après les estimations fournies début mars 2024). « C'est le plus beau des mandats, mais aussi le plus contraignant et le plus dangereux, résume Philippe Van-Hoorne, maire (divers droite) de L'Aigle, commune de 8 000 habitants, et président de l'Association des maires de l'Orne. Il y a moins de respect de la fonction. Les agressions d'élus ont augmenté de manière significative. Les maires sont à portée de baffes[4]. » Ce sujet est devenu tellement sensible qu'il a été choisi pour la première fois comme thème central du Congrès de l'Association des maires de France, en novembre 2023 : « Communes de France attaquées, République menacée ». À cette occasion, une étude du Cevipof, réalisée en partenariat avec l'AMF, est venue souligner l'ampleur des dégâts. Son titre : « Des maires engagés mais empêchés[5] ». Près de 7 992 maires ont répondu à cette enquête. « Dans ce contexte anxiogène, les maires interrogés déclarent à 69 % avoir déjà été victimes d'incivilités (impolitesse, agressivité), soit 16 points de plus par rapport à 2020, précise l'enquête. Ils sont 39 % à avoir subi des injures et insultes (+ 10 points par rapport à 2020) ou encore à avoir été attaqués ou menacés à 27 % sur les réseaux sociaux (+ 7 points). [Comme en 2022], 12 % des maires reconnaissent que leur entourage familial a également subi les mêmes comportements violents[6]. »

Une première explication à cette montée des agressions est donnée par les maires eux-mêmes : leurs administrés se comportent de plus en plus comme des consommateurs et de moins en moins comme des citoyens. C'est l'une des raisons qui ont poussé Jean-Sébastien Halliez, maire (PS) de Brassy, à donner sa démission en février 2024. « J'étais interpellé de façon agressive de plus en plus souvent par des habitants qui voulaient une réponse immédiate à leurs problèmes, raconte l'ancien édile de cette commune de 630 habitants de la Nièvre, située au cœur du Parc naturel régional du Morvan. Ils me sollicitaient parfois pour des questions sur lesquelles je n'avais aucune prise. Nous avons par exemple un vrai problème de réseau dans notre commune, qui est en zone blanche et où les communications sont parfois interrompues, même à la mairie. Quand certains habitants n'arrivaient plus à capter, au lieu d'appeler leur fournisseur, ils me contactaient directement et me demandaient de résoudre le problème : mais je n'y pouvais rien ! » Élu maire en 2008 à l'âge de 36 ans après avoir suivi des études de sciences politiques et travaillé comme fonctionnaire territorial dans des intercommunalités de la Nièvre, Jean-Sébastien Halliez a fait le choix de rester vivre et de s'engager dans le monde rural, dans une commune particulièrement isolée, notamment en ce qui concerne les transports. Brassy est située à 80 kilomètres de la ville la plus proche, Nevers. L'enthousiasme de son premier mandat a fait place à une fatigue qui confinait à l'abattement. Et qui a fini par le pousser à démissionner. « Je comptais les jours, confie-t-il. Et j'avais prévu d'arrêter à la fin du mandat. Mais c'est devenu trop dur, et comme nous avons dû faire de nouvelles élections à la suite de la démission de plusieurs conseillers municipaux début 2024, j'ai saisi l'occasion pour passer la main. Je veux retrouver une vie normale, aller au restaurant le soir sans être systématiquement sollicité, avoir des week-ends et des soirées sans le téléphone portable qui sonne, ne plus devoir régler des situations tendues en permanence. » Le 12 février, il a adressé aux habitants de sa commune une longue lettre pour expliquer sa décision. En voici un court extrait : « Cette démission [...] traduit la difficulté de notre fonction, notre solitude parfois. J'éprouve le besoin de me protéger, de veiller à ma santé, à mon équilibre personnel. Je ne veux pas tricher avec vous face à l'investissement qu'un tel engagement représente. Je suis maintenant arrivé au maximum de mes limites et de ce que je pouvais donner. » Quelques jours avant notre échange, il avait été appelé à 23 heures, un samedi, parce que les chiens d'un habitant qui erraient dans le village étaient entrés dans une propriété et avaient mangé des lapins que les parents venaient d'offrir à leurs enfants. « Heureusement, cet incident-là s'est bien terminé », conclut-il. Pour le maire de Pléguien, Philippe Le Goux, « il y a de plus en plus d'habitants qui ont pour logique principale celle du "tout, tout de suite et tout pour moi", sans plus aucune considération pour l'intérêt collectif ». S'il n'a jamais été agressé physiquement, il subit lui aussi cette pression permanente, au point d'éviter les commerces de sa commune. « Je ne vais jamais faire mes courses à la supérette et j'évite d'aller au café, car je sais que dans tous les cas on va me parler de problèmes liés à la commune. »

Dérive consumériste

Luc Rouban est un fin connaisseur des collectivités locales, directeur de recherches au CNRS et auteur du livre *Quel avenir pour les maires ?*[7]. Il confirme ces observations : « Les administrés deviennent des consommateurs de plus en plus difficiles à contenter, attendant des réponses immédiates à leurs demandes individuelles, n'hésitant pas à interpeller et à mettre personnellement en cause leur maire sur les réseaux sociaux, voire à se lancer dans des procédures auprès des tribunaux. » D'après les résultats d'une enquête qu'il a dirigée en 2018 pour le Cevipof et l'AMF[8], « près des trois quarts des maires soulignent que les exigences de leurs administrés sont désormais trop grandes ». Seuls un peu plus de la moitié des sondés disent recevoir de la reconnaissance de la part de leurs administrés, et 13 % seulement sont « tout à fait d'accord » avec cette affirmation. Selon Luc Rouban, « cette dérive consumériste du lien de citoyenneté correspond non plus à la figure du citoyen épris de participation et de vie locale mais plutôt à celle d'un habitant se désintéressant des affaires municipales dès lors qu'il n'est pas concerné à titre personnel ». Cette enquête révèle que moins d'un tiers des maires interrogés considèrent que la vie locale intéresse les habitants de leur commune, contre 43 % qui affirment qu'elle ne les intéresse pas. « Le citoyen engagé et très intéressé est devenu un consommateur pressé et exigeant », résume Jean-François Vigier, maire (UDI) de Bures-sur-Yvette (Essonne), vice-président de l'Association des maires de France.

Ce constat d'un désengagement citoyen, Rémi Lefebvre, chercheur et professeur de science politique à l'université de Lille, l'a dressé tout particulièrement après les élections municipales de 2020. « Alors que les municipales ont longtemps été, avec la présidentielle, l'élection la plus mobilisatrice, la participation tend à s'aligner sur les autres scrutins, explique-t-il. C'est le dernier avatar de l'affaissement de notre système politique et représentatif. La démocratie territoriale sort dévastée de la dernière séquence électorale[9]. » Il prévient avec gravité : « D'élection en élection municipale, l'abstention progresse et la légitimité de la démocratie locale s'affaisse. » Parmi les critères qui confirment la perte de spécificité du statut de maire, il y a celui de leur taux de notoriété, en déclin constant depuis quelques années. En 2017, un sondage de l'Association des maires de France établissait qu'un Français sur deux seulement connaissait le nom de son maire. « Un élu pourtant présenté comme proche du "terrain" et "à portée d'engueulade", commente Rémi Lefebvre. La proximité ne va plus de soi et elle tend à s'éroder. »

La violence contre les maires se nourrit d'une défiance plus générale qui remonte déjà à plusieurs décennies. « On sent la montée d'une forme d'irrespect des institutions, témoigne Jean-Sébastien Halliez. Il y a une quinzaine d'années, ça a commencé avec les parlementaires et les responsables politiques nationaux. Aujourd'hui, cette défiance vise les élus locaux. Avec parfois une forme de complotisme qui s'illustre par des propos du genre

“S’il est arrivé là, ce n’est pas par hasard”. » Une crise de confiance déjà soulignée par une enquête de 2003, publiée dans la *Revue internationale de politique comparée*, dont le maire se sortait plutôt bien à l’époque : « En vingt ans, la défiance envers les hommes politiques a progressé de 20 points : 55 % des personnes interrogées déclaraient ne pas faire confiance aux hommes politiques en 1985, ils étaient 75 % en 2001. Au sein du monde politique, les maires se distinguent favorablement en recueillant la confiance de trois Français sur quatre. Les Français sont en revanche nettement plus réservés sur les députés (46 % de confiance) ou les ministres (43 %), la défiance envers ces deux groupes ayant progressé de plus de 10 points depuis 1985. Surtout, les partis politiques sont jugés sévèrement, 77 % des personnes interrogées déclarant ne pas leur faire confiance. » Enquête qui souligne une certaine responsabilité des élus eux-mêmes dans ce climat de suspicion. « L’inconséquence des hommes politiques est [...] particulièrement dénoncée, constatent les auteurs. Outre l’oubli des promesses électorales, la critique porte sur les revirements de discours liés à la participation au pouvoir ou à l’opposition, et les interprète comme la manifestation d’une duplicité de l’action politique[10]. »

Le tournant du Covid

Un événement particulier a provoqué une accélération des actes d'agressivité et de défiance : la crise du Covid. « La pandémie a entraîné solitude et repli sur soi », observe José Frère, maire (divers droite) d'Armissan, commune de 1 400 habitants située dans l'Aude, qui a démissionné en 2022. Sylvain André, maire (PCF) de Cendras et président de l'Association des maires ruraux du Gard, partage ce point de vue : « Je ressens depuis la sortie du Covid des tensions plus importantes qui s'exercent aussi sur les services d'accueil des mairies. » À Brassy, Jean-Sébastien Halliez a observé un changement notable dans les comportements. « Avec le Covid, il y a eu une rupture de régularité dans les contacts humains, qui s'est illustrée très concrètement avec l'arrêt des réunions "en présentiel", explique-t-il. Les habitants ont perdu leurs repères et ont eu du mal à retrouver ces modes de régulation et de communication. J'en ai vu les conséquences très directes sur la cérémonie annuelle des vœux, en début d'année, ouverte à tout le monde. Avant la crise sanitaire, beaucoup de personnes venaient à cet événement. C'était l'occasion d'échanger, de parler des problèmes des uns et des autres, de créer ou de maintenir un lien entre nous. C'était un moment de convivialité et de rencontre. Or, depuis le Covid, avec les habitudes prises d'avoir des rendez-vous et des réunions à distance, beaucoup moins de personnes venaient à ma présentation des vœux. Il y a très clairement un avant et un après-Covid. » Un phénomène que les médias anglais ont appelé *the Covid rage* et qui a été décrypté par de nombreux psychologues. « Pas mal de patients, mais aussi pas mal de gens simplement introvertis se sont trouvés soulagés par ce que j'appelle "un évitement général", explique Sophie Braun, psychanalyste et auteure de *La Tentation du repli*[11]. Individuellement, ça leur a fait du bien et ils se sont sentis plus heureux. Collectivement, on assiste à un phénomène qui me semble dangereux : ce repli sur soi qui crée la perte du goût des autres, la difficulté de vivre en communauté. »

Le Covid a eu pour conséquence de transformer un peu plus encore le citoyen-engagé en citoyen-consommateur. En obligeant chacun à rester chez soi, les confinements ont renforcé l'emprise de la consommation sur les relations sociales. « Un ressort de cette plus grande vulnérabilité des individus depuis la crise sanitaire est à chercher selon nous du côté du rapport que la société entretient à la frustration, précise Jérôme Fourquet, directeur du département Opinion à l'Ifop. La crise sanitaire ayant renforcé la société du sur mesure et de l'immédiateté dans laquelle le citoyen est d'abord perçu comme un client (le boom des livraisons à domicile incarnées par Deliveroo et Uber durant cette période en est l'une des illustrations [...]), le seuil de patience des individus s'est considérablement abaissé durant cette période, ces derniers ayant de plus en plus de mal à gérer leur frustration[12]. » Cette observation est tirée d'une enquête réalisée en novembre 2022 pour la Fondation Jean-Jaurès, intitulée « Grosse fatigue et épidémie de flemme », selon laquelle 44 % des Français disent avoir de plus en plus de mal à patienter avant d'obtenir quelque chose, dont 53 % des 25-34 ans. Appliqué au domaine des sciences politiques, cela donne « une transformation de la citoyenne et du citoyen en clients dont les particularités doivent être prises en compte », observe Rémi Lefebvre. « Le mécontentement a toujours existé, mais il y a eu un changement des comportements à partir de 2020, confirme Christelle Scuotto, maire (PS) des Sorinières, commune de 9 000 habitants de Loire-Atlantique. On a commencé à voir une montée d'agressivité dès la fin du confinement. Parce que les masques n'étaient pas distribués assez vite ou de la bonne couleur, un élastique était cassé... Pour des choses banales, le ton et les mots montaient comme si ça devenait commun d'être agressif. Depuis, c'est installé. Et de pire en pire[13]. »

Certains élus ont cherché des moyens de faire face aux pressions nées pendant la crise sanitaire. Ainsi l'Association des maires de la Loire a-t-elle organisé en pleine crise sanitaire, avec la participation de la gendarmerie, plusieurs sessions de formation à destination des élus sur la gestion des incivilités. Le maire (divers droite) de Saint-Paul-en-Jarez, Kamel Bouchou, chef de service en médecine interne, qui a participé à l'une de ces sessions, témoigne ainsi sur France Bleu Saint-Étienne le 29 mars 2021 : « J'ai fait interdire un match de foot, et on m'a dit : “Oui, mais à côté, ils font un match.” J'ai dit : “Non, les sports de contact sont interdits, on peut s'entraîner, mais les matches sont interdits.” On a des adjoints qui sont souvent sur le terrain, qui font face directement à l'agressivité. L'adjoint au sport, à la voirie, aux bâtiments[14]... » Un autre participant, Marc Jandot, maire (sans étiquette) de Dargoire, livre son témoignage : « D'un côté, nous avons des impératifs de gestion sanitaire. De l'autre, vous avez les desiderata des parents [qui nous somment] d'accueillir les enfants. Et quand on se retrouve devant des fermetures de classes ou de cantine, il faut savoir faire face et garder son calme. » Avec le Covid, « on remarque plus de conflits entre les personnes, notamment chez les jeunes, un sentiment d'abandon et d'amertume chez certains. Et puis le travail à domicile, c'est bien, mais c'est aussi du repli sur soi et une perte de la vie en société ».

Repli individualiste

L'observation très pragmatique faite par les maires rejoint des analyses plus globales, comme celle du philosophe Hartmut Rosa. « Nous sommes poussés à accélérer sans cesse, sans but, simplement pour conserver ce que nous avons, analyse l'auteur d'*Accélération. Une critique sociale du temps* (La Découverte, 2010). Ce régime de temps est lié à la croissance économique, à l'extension technique, à la rapidité des mutations sociétales. Là-dessus arrive cette pandémie qui provoque une décélération brutale. Les structures qui soutenaient cette accélération sont comme mises entre parenthèses. Mais ce que nous avons découvert, c'est que ce tempo de la modernité s'est inscrit en nous. Nous avons perdu la capacité d'attendre. Nous sommes habitués à tout avoir tout de suite : c'est la société numérique, la société du vingt-quatre heures sur vingt-quatre, sept jours sur sept[15]. » Monique Dagnaud, directrice de recherche au CNRS, a mené de son côté deux séries d'enquêtes auprès de 80 000 internautes, en France et en Allemagne. Elles ont confirmé l'accentuation, avec le Covid, d'une tendance individualiste déjà très présente, nourrie d'angoisses et de peurs. L'une de ses principales découvertes a été celle d'une fermeture aux autres dans toutes les couches sociales, notamment les plus aisées et protégées. « Cette France cultivée exprime une forte propension à l'angoisse et au repli sur soi, alors qu'on pouvait l'imaginer comme une sorte d'avant-garde ouverte sur le monde et adepte de socialisation exubérante[16] », observe-t-elle. Avec une victime directe : l'altérité, le lien social. « Les autres sont-ils un recours ? Non. À plusieurs indices étayés dans l'enquête, la fraction de la jeunesse française qui a répondu semble entretenir avec les autres (famille, partenaires amoureux, collègues de travail, amis) des relations assez tourmentées, et ce tissu affectif, loin de constituer un socle de sérénité et de réassurance, s'avère anxiogène. [...] L'idée d'aventure, de confrontation et de prise de risques s'est affaiblie, et la solitude [est] recherchée. » Les résultats de ces études l'amènent à dresser un constat plutôt brutal : « Statistiques et observations s'accumulent et rendent compte d'une sorte de séisme mental que la crise du Covid a accéléré. »

Les montées de repli sur soi et d'agressivité dues à la crise sanitaire ont été constatées dans de nombreux domaines d'activité, parfois très éloignés de la vie municipale. Une enquête a été menée en 2022 sur les relations en entreprise dans la période post-Covid, par l'institut Opinion Way pour l'Observatoire de l'engagement[17]. Sur 376 managers interrogés, près de 70 % trouvent que leurs collaborateurs sont plus individualistes qu'avant le Covid. Et quand les enquêteurs ont demandé aux salariés si eux-mêmes se sentaient plus individualistes, 51 % ont répondu « oui ». L'un des chefs d'entreprise interrogés témoigne : « La question de l'engagement et de l'individualisme se pose jusqu'à provoquer [le départ de salariés]. C'est clairement ce qui est en jeu. Ils ont du mal à se projeter dans la boîte… C'est un rapport utilitariste au travail, […] je prends ce que je veux et je jette le reste. C'est moi d'abord et le client ensuite, mais ça, ce n'est pas compatible. » Associée d'un cabinet de recrutement, Olivia Vaunaize Fillon a observé elle aussi ces changements de comportement. « L'une des tendances les plus marquantes en cette période post-Covid est l'individualisation croissante des dynamiques comportementales en entreprise, explique-t-elle. [Cela] peut s'accompagner d'une augmentation des conflits pour une seule et simple raison. […] La pandémie de Covid-19 a probablement sa part de responsabilité dans l'amplification de ces tensions […]. Le travail à distance, la gestion de la charge de travail et les inquiétudes liées à la santé ont créé un environnement propice à la naissance de conflits[18]. » L'étude « Grosse fatigue et épidémie de flemme » de la Fondation Jean-Jaurès s'est attachée, elle, à observer le comportement des automobilistes. « Nombreux sont les spécialistes et les psychologues alertant sur une plus grande agressivité et une vitesse plus importante sur les routes depuis la crise sanitaire[19] », constate Jérôme Fourquet. Il cite à l'appui de cette observation le témoignage d'une psychologue de la route : « Nous avons reçu beaucoup plus de stagiaires en très grands excès de vitesse depuis le déconfinement. Depuis la Covid-19, on a vu revenir les dépassements de vitesse de plus de 80 ou 100 kilomètres/heure, très rares avant. C'est vrai qu'il y a beaucoup d'agressivité sur la route. Les gens sont à fleur de peau, ne vont pas bien dans un contexte anxiogène. » Autre témoignage cité par la Fondation Jean-Jaurès, celui d'un responsable de la station de radio Autoroute Info qui alertait avant l'été 2022 sur la recrudescence des incivilités depuis la crise : « Lorsqu'on fait des travaux de nuit, on pose des balisages le soir et on les dépose le matin et […] pour gagner une minute, certains clients peuvent rentrer dans le balisage et insulter nos agents, les frôler et même taper certains véhicules et repartir avec un délit de fuite. On observe une augmentation de ces comportements depuis la sortie des principaux épisodes de Covid et on est très, très inquiets par rapport à ça… Il y a plus d'agressivité au volant. »

Les témoignages de maires font ainsi apparaître que les territoires de leurs communes s'apparentent à des sortes de laboratoires de comportements et de crises qui peuvent être révélateurs pour l'ensemble de la société. À ce titre, on pourrait dire que les maires, lorsqu'ils signalent des changements de comportement de leurs administrés ou l'apparition de problématiques nouvelles, font office de « lanceurs d'alerte ». C'est d'ailleurs l'expression qu'a utilisée le maire (UDI) de Sceaux (Hauts-de-Seine), Philippe Laurent, vice-président de l'AMF, à propos des maires qui comme lui avaient pris des arrêtés rendant obligatoire le port du masque… avant que l'État le fasse à son tour : « Nous avons été à Sceaux des lanceurs d'alerte. Sur le fond, il m'a semblé que l'arrêté que j'ai pris a fait avancer les choses, et a fait probablement avancer la réflexion. […] D'une manière globale […], et on le voit dans la gestion de cette crise sanitaire […], on peut dire que l'exécutif n'écoute pas assez les élus locaux. Ça s'est vu dans de très nombreuses circonstances ces dernières années. Il y a une écoute sympathique, mais derrière, lorsqu'il s'agit de prendre des décisions, ce que nous leur disons n'est pas suffisamment pris en compte[20]. »

PARTIE 2

Un État hostile

Ce que la crise Covid a également révélé, c'est la place centrale qu'occupent les maires dans l'organisation sociale et politique du pays, et qui contraste parfois avec les errances de l'État. Ce que Pascal Devienne, maire (PS) de Damigny, commune de 2 400 habitants située dans l'Orne, a résumé en une formule – utilisée parfois pour d'autres professions – dont il a fait le titre d'un livre-témoignage : les maires sont devenus des « premiers de corvée ». Pendant cette crise, ils se sont en effet retrouvés piégés entre deux types de pressions auxquelles ils ont dû résister : l'une, venant du bas, qui s'est exprimée à travers les récriminations des habitants, et l'autre, venant du haut, qui s'est exercée par des décisions de l'État souvent précipitées et confuses. Décisions qui n'ont jamais été élaborées en consultant les maires, alors qu'ils étaient les premiers concernés par leur mise en œuvre.

Symboles parmi d'autres de la désorganisation étatique, deux discours officiels contradictoires ont été tenus dans la même journée, quatre jours avant l'annonce du premier confinement, sur l'un des principaux domaines de compétence des maires : les écoles. Invité de la matinale de France Info jeudi 12 mars 2020, le ministre de l'Éducation nationale Jean-Michel Blanquer déclare : « Nous n'avons jamais envisagé la fermeture totale [des écoles], parce qu'elle nous semble contre-productive. Quand vous fermez les écoles de tout un pays, cela signifie que vous paralysez en bonne partie ce pays[1]. » Quelques heures plus tard, en début de soirée, pour sa première déclaration officielle sur cette crise sanitaire, Emmanuel Macron annonce aux Français à la télévision : « Dès lundi et jusqu'à nouvel ordre, les crèches, les écoles, les collèges, les lycées et les universités seront fermés. Pour une raison simple : nos enfants et nos plus jeunes [...] sont celles et ceux qui propagent, semble-t-il, le plus rapidement le virus. » Les maires qui avaient commencé la journée l'esprit serein se sont retrouvés à 20 h 30 avec une mesure radicale à mettre en œuvre en vingt-quatre heures. Et ce sont eux qui ont aussitôt posé les questions pratiques soulevées par une telle décision. « Je vais réunir dès ce vendredi matin les services pour définir ce que l'on va mettre en place, déclare dès le lendemain du discours d'Emmanuel Macron le maire (divers droite) de Montbrison (Loire), Christophe Bazile, au quotidien *Le Progrès*[2]. Au niveau des écoles, ce n'est pas simple, on n'est pas sur un service minimum comme lors des grèves. Pour les crèches, sur Montbrison, elles sont toutes associatives. Le président parle d'organiser des gardes, mais je n'ai aucune idée de ce qu'il veut mettre en place. »

À quelques dizaines de kilomètres de là, toujours dans la Loire, le maire (LR) de Saint-Chamond, Hervé Reynaud, déplore : « On se retrouve une fois encore avec des décisions prises au niveau national que les collectivités locales doivent mettre en œuvre par leurs propres moyens. Je pense aussi aux parents qui travaillent et qui souvent se tournent vers les grands-parents, ce qui risque de les exposer. » Malgré ces mises en garde, la confusion persiste dans les jours suivants, sans guère plus associer les élus locaux. Dimanche 22 mars, quelques jours après le début du confinement, Jean-Michel Blanquer explique dans le quotidien *Le Parisien* que « le scénario privilégié est celui d'un retour en classe après les dernières vacances de printemps, le 4 mai[3] ». Or personne d'autre au sommet de l'État n'envisage un tel scénario, ni à Matignon ni à l'Élysée. Il lui faut pas moins d'une semaine pour rectifier ses propos en déclarant lundi 30 mai sur Europe 1 : « Ce sera peut-être plus tard… »

Circulaires et stock de masques

Pendant que le gouvernement bredouille, les maires, eux, gèrent les fermetures d'écoles et instaurent des gardes pour les enfants de soignants, ainsi que l'a ordonné l'Élysée. Des maires qui doivent mettre en place ces mesures avec de nombreux agents municipaux en moins, puisque certains ont été forcés de rester chez eux pour garder leurs enfants. Le tout sans annonce d'aucune aide particulière aux communes. Une telle pression mise sur les élus locaux s'est renouvelée tout au long de la crise sanitaire. Elle a été résumée par la maire (PS) de Nantes, Johanna Rolland, la veille des fermetures d'écoles entraînées par le troisième confinement du 3 avril 2021 : « Nous allons travailler tout le week-end pour faire le passage de la théorie à la pratique. J'ai alerté sur l'anticipation nécessaire en pareil cas. Ce sont nous qui allons faire 90 % de la mise en œuvre, et la liste des publics prioritaires n'est arrivée que ce midi dans certaines grandes villes[4]… »

La situation est d'autant plus dure à vivre pour les maires des petites communes que leur quotidien relève déjà du sacerdoce. En situation de crise, les difficultés s'accumulent. « Dans les petites villes et les communes rurales, les maires se sont trouvés bien seuls face au nombre de circulaires souvent très lourdes à appliquer[5] », constate Jean-Claude Némery, professeur de droit public à l'université de Reims. Le vice-président de l'Association des maires ruraux de France (AMRF) et maire (sans étiquette) de Fercé-sur-Sarthe, Dominique Dhumeaux, souligne le problème des ruptures numériques liées à la mauvaise couverture du réseau, qui empêche d'assurer la continuité pédagogique des enfants confinés. « Des solutions ont été […] mises en œuvre en ayant recours à la gendarmerie locale chargée de distribuer aux parents et aux enfants les documents de travail élaborés par les instituteurs […] (nombreux cas dans les vallées des Vosges et zones de montagne) », précise Jean-Claude Némery.

Durant cette même semaine qui a vu s'installer le premier confinement, à la mi-mars 2020, une grande confusion règne au sujet des élections municipales, dont les deux tours sont programmés les 15 et 22 mars. Si le second tour est reporté au 28 juin, le premier est bel et bien maintenu. À charge pour les mairies de l'organiser. Non seulement cette mission s'avère quasiment impossible à réaliser alors même qu'il faut organiser les fermetures des écoles et la gestion quotidienne de la crise sanitaire, mais en plus, elle doit se faire une nouvelle fois avec des injonctions contradictoires venues du plus haut de l'État. Quelle consigne faut-il donner en effet à ses habitants lorsqu'on est maire et que, d'un côté, on vous demande d'organiser le déroulement du premier tour des élections municipales tandis que, de l'autre, on doit relayer les discours officiels incitant à avoir le moins de contacts possible pour éviter la propagation du virus, c'est-à-dire… à rester chez soi ? Résultat : ce premier tour de scrutin du 15 mars 2020 connaît le taux d'abstention le plus élevé de toute l'histoire des élections municipales, pourtant habituellement les plus suivies avec l'élection présidentielle : 55,36 %. C'est aussi pendant ces quelques semaines qu'apparaît le problème de la pénurie de masques qui place les communes au front en les forçant à gérer une autre contradiction majeure : freiner au mieux la contamination avec… des stocks réduits. « L'absence de masques de protection a fait l'objet d'une vive polémique avec l'État et la direction de la santé publique, rappelle Jean-Claude Némery. Face à cette pénurie, de nombreux maires ont mobilisé associations, couturières pour confectionner des masques en tissu distribués gratuitement aux plus fragiles, voire à toute leur population. Ces actions ont constitué une véritable leçon pour les services de l'État jugés imprévoyants par beaucoup de Français. » Par trois arrêts du 6 octobre 2023[6], la cour administrative d'appel a d'ailleurs reconnu une double faute de l'État : « en ne maintenant pas à un niveau suffisant un stock de masques permettant de lutter contre une pandémie liée à un agent respiratoire hautement pathogène » et « dans [sa] communication en début d'épidémie sur l'utilité du port du masque », en ne l'ayant pas priorisé « en fonction des personnes et des activités ».

Face à la toute-puissance de la machine étatique, dans cette période que le président de la République Emmanuel Macron a qualifié de « guerre », les élus locaux, en premier lieu les maires, ont su s'imposer à la fois par leur capacité à être au plus près des préoccupations, des besoins et des réactions des Français et par la méthode pragmatique avec laquelle ils ont affronté quasiment heure par heure une situation aussi inédite qu'exceptionnelle. Méthode faite de souplesse dans la capacité à s'adapter, et de fermeté dans les positions tenues face à certaines décisions présidentielles et gouvernementales. « Le maire est apparu localement et médiatiquement comme le point d'ancrage de la nation en pleine tourmente, observe Jean-Claude Némery. [...] Son action s'est étendue à tous les sujets auxquels la population, les familles, les personnes isolées ont été confrontées [...]. Désormais, il est clair que la commune et le maire sont les bases incontournables de notre organisation politique. Les autres strates sont des relais, des mises en commun pour une gestion ordinaire en période normale. » Mais les relations entre les maires et l'État n'en sont pas sorties indemnes. Au contraire, elles ont été particulièrement dégradées par cette séquence du coronavirus. « Nombreux sont les élus locaux qui, tout au long de cette crise, ont déploré la lourdeur de l'État central, l'hypercentralisation des décisions, le poids d'une suradministration technocratique symbolisé par le protocole sanitaire de 54 pages élaboré par le ministère de l'Éducation nationale pour la réouverture des écoles au moment du déconfinement de mai 2020[7] », analyse Patrick Roger dans *Le Monde.*

Les mantras de la rigueur

Des relations qui étaient déjà très sérieusement tendues depuis plusieurs années. On peut sans doute faire remonter le tout début de la crise de confiance à 2011, avec les premières mesures annonçant une politique de gel des dotations aux collectivités locales. La dotation globale de fonctionnement (DGF), créée en 1979, est fixée chaque année par la loi de finances et a représenté en moyenne 15 % des recettes de fonctionnement des communes en 2023. Elle est composée de 12 sous-dotations : 4 pour les communes, 2 pour les EPCI (établissements publics de coopération intercommunale), 4 pour les départements et 2 pour les régions. Pour chaque catégorie de collectivité, on peut diviser la dotation en deux parts : la part forfaitaire, qui correspond à un tronc commun perçu par toutes les collectivités bénéficiaires, et la part péréquation, dont les composantes sont reversées aux collectivités les plus défavorisées. La dotation forfaitaire des communes est la principale dotation de l'État aux collectivités locales ; elle est essentiellement fondée sur les critères de population et de superficie. La part péréquation des communes est partagée en trois dotations : la dotation de solidarité urbaine et de cohésion sociale (DSU), la dotation de solidarité rurale (DSR) et la dotation nationale de péréquation (DNP).

En 2011, dans la continuité d'une logique de « pacte de stabilité » amorcée dès 1996 par les pays de la zone euro et visant à réduire le déficit budgétaire de l'État, le gouvernement de François Fillon a supprimé l'indexation sur l'inflation de la dotation globale de fonctionnement et annoncé un gel de son montant pour trois ans. Le ministre de l'Économie et des Finances chargé de mettre en œuvre ces mesures n'était autre que François Baroin, futur président de l'Association des maires de France, qui dénoncera à ce titre… les gels de dotation. Ces mesures ont été assumées par le chef de l'État, Nicolas Sarkozy, qui déclarait en 2011, en visite à Saint-Amand-Montrond (Cher) : « Qui peut penser que l'État et la Sécurité sociale doivent s'imposer des règles de bonne gestion et que les collectivités ne le pourraient pas ? […] Si vous voulez plus de TGV, on ne peut pas garder le bureau de poste ouvert pour tout le monde. » Cette dernière image vient illustrer la logique générale à l'œuvre dans la décentralisation depuis les années 2000, quelles qu'aient été les couleurs politiques des gouvernements successifs. Une logique axée sur la métropolisation : priorité a été donnée au développement de grands centres urbains, dont le TGV est un symbole particulièrement parlant. En contrepartie, c'est le sacrifice du monde rural qui a été acté. Il a vu disparaître depuis des décennies des centaines de kilomètres de petites lignes de chemin de fer, et subi la fermeture de nombreux services publics de proximité, dont des bureaux de poste, ainsi que l'avait justifié Nicolas Sarkozy.

Derrière la volonté de réduire les dotations aux collectivités se dessine aussi l'idée selon laquelle il y aurait trop de fonctionnaires en France, notamment dans la fonction publique territoriale. Réduire les ressources des collectivités locales est ainsi un moyen pour Nicolas Sarkozy et son gouvernement de limiter les créations de poste, voire d'en supprimer. Le 12 janvier 2012, lors de la présentation de ses vœux aux fonctionnaires, le président de la République leur déclare frontalement : « 40 % d'augmentation d'effectif des fonctionnaires territoriaux en dix ans, c'est une évolution qu'il faudra stopper. » Dans une intervention télévisée donnée quelques jours plus tard, le 29 janvier 2012, il annonce vouloir fixer le montant des dotations en fonction de la politique de rigueur budgétaire appliquée par chaque collectivité locale : « Il y a trois facteurs de déficit, déclare-t-il. L'État, on s'en occupe, la Sécurité sociale qui a fait des efforts considérables, sur la réforme des retraites, reste les collectivités territoriales. Nous envisageons un certain nombre de mesures. Peut-être même faudra-t-il aller jusqu'à se demander si on ne devrait pas moduler les dotations en fonction de leur sagesse en la matière pour que personne ne puisse s'exonérer d'un effort de discipline[8]. » Cela aurait été une façon d'introduire un critère inédit dans la définition du montant des dotations aux collectivités locales, par exemple en fonction du niveau de dépenses par habitant ou du nombre de fonctionnaires par habitant, comme le réclame un livre manifeste paru en 2011, *Ces mythes qui ruinent la France*. Son auteur, Alain Mathieu, est alors président de l'association Contribuables associés. Il est officiellement reçu à l'Élysée en 2012. Il faut dire qu'une enquête réalisée par *La Gazette des communes* auprès des fonctionnaires territoriaux révèle que 60 % d'entre eux y sont favorables. Un tel projet se serait cependant heurté à un obstacle majeur : le principe constitutionnel de la libre administration des collectivités territoriales. Le projet a été abandonné, mais quelques semaines plus tard, Nicolas Sarkozy réaffirme avec force son objectif : « Les départements et les communes de plus de 30 000 habitants devront engager la réduction de leurs effectifs comme l'État l'a fait et diminuer leurs dépenses de fonctionnement au même rythme que l'État, soit une économie de 2,5 milliards sur cinq ans. »

Il faut rappeler qu'à l'époque, alors que le pays sort tout juste de la crise financière de 2008 et que l'élection présidentielle de 2012 approche à grands pas, la rigueur budgétaire est un thème très largement partagé par les principaux responsables politiques. La couleur est annoncée en Une des magazines : « Primaire PS : la surenchère dans la rigueur. En matière économique, les deux finalistes ont surtout promis des lendemains difficiles » (*Le Point*), « Sarkozy et Fillon font le pari de la rigueur » (*Le Figaro*), « Sarkozy ou Hollande, deux versions d'une même rigueur » (*Challenges*), « La France en tenue de rigueur » (*Libération*). Ce que l'économiste Elie Cohen résume en une formule : « Le débat électoral opposera tenants de l'austérité de droite et partisans de la rigueur de gauche[9]. » L'ancien maire de Brassy, Jean-Sébastien Halliez, dresse rétrospectivement un constat sévère de ce climat, dont il a vu les effets sur le fonctionnement des communes. « Il y a eu un lobbying institutionnel qui s'est exercé dès le début des années 2010 et qui exprimait la pensée unique de l'époque, présente dans tous les partis politiques, dont le mot d'ordre était "la rigueur", explique-t-il. Pour les collectivités locales, cela revenait à répéter des mantras tels que "moins il y a d'élus, moins ça coûte" et "plus c'est grand, plus ça marche". Ce qui a abouti, entre autres problèmes, à une standardisation des collectivités locales. »

Des collectivités au régime sec

Avec l'élection en 2012 d'un nouveau président de la République, la dynamique se renforce : le gel prévu des dotations est maintenu. Lorsque François Hollande se rend à son premier Congrès des maires de France, porte de Versailles, le président de l'AMF et maire (UMP) de Lons-le-Saunier (Jura), Jacques Pélissard, l'interpelle : « Les collectivités locales subiront en 2013, pour la troisième année consécutive, le gel des dotations en euro courant, ce qui représente une diminution des ressources conséquente pour nombre de collectivités[10]. » Mais l'expression de son inquiétude n'a aucun effet. Au contraire. En février 2013, le gouvernement annonce non pas le gel des dotations mais une baisse de leur montant global, à hauteur de 4,5 milliards sur deux ans. Puis c'est l'enchaînement infernal avec l'annonce en 2014 par le nouveau Premier ministre Manuel Valls d'une baisse de 11 milliards d'euros sur trois ans pour les exercices budgétaires de 2015, 2016 et 2017. Des mesures dénoncées par le tout nouveau président de l'AMF, François Baroin : « Alors que nous ne représentons que 9,5 % de la dette publique, vous nous demandez une contribution de 25 % à l'effort de réduction des déficits publics. Il est tout de même curieux qu'au moment où l'État vante le mérite d'une pause fiscale pour lui-même il contraigne les collectivités locales à recourir à l'impôt pour faire face à la diminution des dotations. » Dans sa résolution générale de fin de congrès, l'AMF met en garde l'État sur les conséquences possibles de ces baisses de dotations : « C'est le vivre-ensemble qui est menacé. » Elle alerte sur les effets directs pour les habitants de leurs communes : « Si l'ampleur des restrictions devait être confirmée, les élus auraient demain la lourde tâche de devoir renoncer à des services publics locaux qui cimentent le lien entre les populations sur leur territoire, notamment dans les espaces ruraux et les banlieues en difficulté : c'est insupportable. » L'AMF conclut en forme d'avertissement : « À l'exaspération risquerait de succéder la colère si des réponses concrètes n'étaient pas apportées maintenant. »

L'élection d'Emmanuel Macron en 2017 marque une pause. Après quatre années de baisse constante entre 2014 et 2017, le gouvernement stabilise la dotation des communes et des autres collectivités territoriales à hauteur d'environ 27 milliards d'euros pendant le premier quinquennat, de 2017 à 2022. En 2023, une hausse de la dotation globale de fonctionnement est même votée pour l'année 2024, d'un montant de 220 millions d'euros. Elle s'établirait ainsi à 27,15 milliards d'euros. Or cela demeure insuffisant pour le vice-président de l'AMF, André Laignel, maire (PS) d'Issoudun (Indre) : « Il s'agit d'une augmentation de 0,8 % alors que nous subissons une inflation qui devrait s'établir entre 4,5 et 5 % », déclare-t-il aussitôt après cette annonce. Il manque selon lui 1,3 milliard d'euros. L'AMF demande le rétablissement de l'indexation de la DGF sur l'inflation. Une demande appuyée par un rapport du député (PCF) Jean-Marc Tellier, ancien maire d'Avion, commune de 17 000 habitants située dans le Pas-de-Calais : « Les collectivités territoriales sont aujourd'hui confrontées à d'énormes difficultés liées à la forte hausse des prix de l'énergie et de l'alimentation, constate le parlementaire. En 2022 l'inflation s'est établie à 5,2 % environ quand le montant de la [dotation globale] restait stable, et elle est estimée à 4,2 % en 2023. Les communes sont particulièrement vulnérables : l'indice des prix des dépenses communales connaît une augmentation bien plus rapide que celle des prix au niveau national. Selon les dernières enquêtes, la hausse des prix du "panier du maire" a atteint 7,2 % en 2022[11]. »

De son côté, la Cour des Comptes a publié en mars 2023 un bilan de quarante années de politiques de décentralisation qui souligne les dysfonctionnements et la défiance persistante entre l'État et les collectivités locales, notamment sur la question des financements. Sur le fond, elle constate que les objectifs recherchés ne sont pas toujours atteints : « Les transferts financiers de l'État, qu'ils prennent la forme de dotations ou d'affectations d'impôts nationaux, constituent aujourd'hui un enjeu majeur. Leur contribution au redressement des finances publiques, à la réduction des inégalités entre collectivités et à la réalisation des grandes priorités nationales devrait être renforcée[12]. » Sur la forme, elle appelle l'État à faire plus d'efforts en direction des collectivités : « Quarante ans après les premières lois de décentralisation, le dialogue institutionnel entre l'État et les collectivités territoriales sur les questions de finances publiques demeure insatisfaisant [...]. Les acteurs locaux ont souvent regretté la méthode descendante de détermination du contenu des dispositifs d'encadrement des finances locales et leur caractère contraignant et sans contrepartie. La qualité de ce dialogue paraît nettement en deçà de sa structuration dans d'autres grands pays européens. Les associations représentatives des collectivités locales sont demandeuses de l'installation de ce lieu de dialogue et de la conclusion de ce pacte de confiance, seul à même de leur donner la visibilité et la prévisibilité des ressources sur lesquelles construire leurs projets et budgets. »

Le Président, sa carte et sa gomme

Sous la présidence de François Hollande, les maires ont eu un autre motif d'exaspération, en plus de la baisse de leurs dotations : la loi sur la Nouvelle Organisation territoriale de la République. Promulguée le 7 août 2015, la loi NOTRe a pour objet de redéfinir « les compétences attribuées à chaque collectivité territoriale ». Presque dix ans après sa promulgation, elle suscite une colère toujours vive chez les maires. Lorsqu'on leur demande de dresser la liste des principaux problèmes rencontrés dans l'exercice de leurs fonctions, la loi NOTRe arrive spontanément dans le trio de tête, toutes étiquettes politiques confondues. Cette loi s'est inscrite dans un véritable plan de réorganisation des collectivités locales, qui avait été annoncé par François Hollande pendant sa campagne électorale de 2012 et qu'il a mis en œuvre sous l'appellation d'« Acte III de la décentralisation », avec deux autres grandes lois : la loi de modernisation de l'action publique territoriale et d'affirmation des métropoles (dite loi Maptam), et la loi relative à la délimitation des régions.

Ces lois avaient plusieurs objectifs affichés : « Simplifier et clarifier les compétences respectives des collectivités locales », « Faire des régions les moteurs du redressement économique du pays », « Parachever la carte intercommunale » et « Renforcer les solidarités territoriales et humaines ».

Ces lois de l'Acte III ont eu pour conséquence la plus visible de reconfigurer la géographie des collectivités locales, comme en témoigne la fusion des régions, passées de 22 à 13. La volonté assumée de François Hollande était de « redessiner la France ». Dans son livre *Les Leçons du pouvoir*[13], il indique la façon dont il a procédé au redécoupage des régions, à travers la description d'une scène pour le moins étonnante, qui symbolise à elle seule le caractère solitaire de certaines décisions prises au sommet de l'État : « Je procède aux consultations indispensables, j'associe le Premier ministre et les principaux ministres à cet exercice. Mais, à la fin des fins, je dois rendre moi-même l'arbitrage ultime. J'étale la carte de France sur la grande table de mon bureau et, armé d'un crayon et d'une gomme, après avoir écouté les avis les plus divergents, je propose au Parlement un nouveau découpage administratif de la nation. La Bretagne ne voulait pas se fondre avec les Pays de la Loire, le Languedoc-Roussillon refusait de se marier avec Midi-Pyrénées, l'Alsace voulait rester seule, la Picardie préférait rejoindre le Nord-Pas-de-Calais. Je prends en compte certaines demandes. J'en écarte d'autres. » Description à laquelle s'ajoute une grandiloquente déclaration d'autosatisfaction : « C'est ainsi que la plus grande réforme territoriale depuis les lois de décentralisation de 1982 fut décidée et mise en œuvre. »

Le président de la République essuie de vives critiques à propos de ce redécoupage, accusé d'avoir rayé de la carte de France certaines régions, comme le Limousin. La préparation même de cet Acte III de la décentralisation a donné lieu à de très vives inquiétudes et crispations de la part d'élus locaux. Ils ont eu l'impression que l'État non seulement avait choisi leur avenir sans eux, mais que sa vision de la décentralisation dissimulait en fait une recentralisation autour de grandes zones urbaines, au détriment du monde rural. « La loi NOTRe est un naufrage, dénonce le président de l'Association des maires ruraux de France, Vanik Berberian, moins d'un an après sa promulgation. Cette réforme porte l'échec et le renoncement de l'aménagement du territoire. C'est un débat qui n'a jamais eu lieu. Les nouvelles formes d'organisation territoriale, dès lors qu'elles sont obligatoires et non voulues par les territoires, sont vouées à l'échec[14]. »

Les métropoles contre les communes

Le journaliste de France Info Michel Feltin-Palas a défini cet Acte III comme une « opération métropole » : « Longtemps, la France s'est méfiée de ses villes. Paris, en particulier, a toujours fait peur à l'État. N'est-ce pas de là que sont parties la plupart des révolutions, que ce soit en 1789, en 1848, ou même sous la Fronde ? Pas question, dans ces conditions, de donner trop de pouvoir à cette capitale si difficile à contrôler et, de manière générale, à toutes les grandes villes. Et c'est ainsi que les gouvernements, quelle que soit leur orientation politique, ont toujours préféré s'appuyer sur les campagnes et maintenir une myriade de petites communes. Diviser pour mieux régner : la recette n'est pas nouvelle, elle n'en est pas moins efficace. C'est dire si la volonté affichée de François Hollande de créer en France de puissantes métropoles [...] créerait une rupture dans notre histoire[15]. »

De son côté, voici comment, une fois élu, le président de la République a justifié l'accélération de ce qu'on désigne désormais sous le terme de « métropolisation » – qu'il nommait, de façon plus sibylline, « le fait métropolitain » – dans un discours du 5 octobre 2012 tenu devant les États généraux de la démocratie territoriale : « La France ne peut plus occulter la nécessité d'organiser nos grandes agglomérations urbaines. Nous voyons émerger, depuis plus de trente ans, des métropoles de niveau européen, parfois autour d'une grande ville centre, parfois autour d'un réseau de villes qui tissent entre elles des liens de solidarité et de projet. Paris, Lyon, Marseille sont déjà concernées. Mais d'autres pôles urbains veulent aussi prendre en main leur développement et leur rayonnement en articulation avec les régions. Je considère que le temps est venu de leur en donner les moyens. Je propose donc de créer un statut de métropole qui ira au-delà des établissements publics actuels et pourra exercer l'ensemble des responsabilités du développement urbain en bénéficiant des transferts de compétences de l'État ou de la région. Le fait métropolitain figurera donc dans le prochain projet de loi[16]. » Exit les villages et les petites villes, l'avenir est à la métropole ; exit le maire, bienvenue au président d'intercommunalité !

Concrètement, la loi NOTRe prévoit deux grandes mesures pour les communes. D'une part, ces dernières ont obligation de se rattacher à un établissement public de coopération intercommunale (EPCI) au 1er janvier 2017. D'autre part, elles ont obligation de transférer certaines de leurs compétences à ces mêmes établissements. Le tout, dans des délais imposés : la collecte et le traitement des déchets, la promotion du tourisme et l'accueil des gens du voyage doivent être transférés au 1er janvier 2017 ; la gestion des milieux aquatiques et la prévention des inondations au 1er janvier 2018 ; enfin, l'eau et l'assainissement au 1er janvier 2020. Le transfert de ces deux dernières compétences représente à lui seul un véritable bouleversement, comme le souligne Pierre Bauby, enseignant en sciences politiques et directeur de l'Observatoire de l'action publique : « Alors que depuis la Révolution française la responsabilité de l'approvisionnement en eau des populations, puis du service public de l'eau et de celui de l'assainissement, était confiée aux communes, la loi NOTRe du 7 août 2015 en confie obligatoirement la compétence aux établissements publics de coopération intercommunale [...] au 1er janvier 2020. C'est un changement essentiel, une transformation, une rupture, on peut dire une révolution, pour les élus locaux, les territoires, les populations – en un court laps de temps. Et cela suscite nombre d'interrogations et/ou d'inquiétudes, tant le service public de l'eau et de l'assainissement est au cœur des droits fondamentaux, du lien social, des solidarités, du développement durable[17]. »

Ce n'est pas tant la logique de regroupement de communes que le maire de Brassy dénonce de son côté que la méthode et la volonté de constituer des EPCI les plus grands possible. « Je me suis battu pour qu'on regroupe notre compétence de voirie à plusieurs communes dans les années 2000, explique Jean-Sébastien Halliez. Et ce n'était pas toujours facile de convaincre des maires d'abandonner l'une de leurs compétences. Mais notre projet s'appuyait sur des observations et des logiques très concrètes de territoire. Par exemple, quand un agent faisait de l'élagage ou du débroussaillage et qu'il devait s'arrêter au milieu d'une route parce que la seconde partie se trouvait sur le territoire d'une autre commune, c'était absurde, et le regroupement de communes permettait d'apporter une solution logique et pratique. Dans certains cas, le partage de compétences est efficace s'il concerne un nombre restreint de communes. Pour l'exemple que je cite, j'avais proposé qu'il se fasse à 10, pas plus. Aujourd'hui nous sommes 34 communes dans l'EPCI, réparties sur 1 000 kilomètres carrés, soit l'équivalent de dix fois Paris ! Ne serait-ce que pour aller aux réunions, cela prend un temps fou.

Donc beaucoup de maires n'y vont pas et laissent l'EPCI décider pour eux. »

Dérive idéologique

Le premier volet de l'Acte III de la décentralisation, la loi Maptam, a initié ce puissant mouvement de recentrage des décisions vers l'intercommunalité et tout particulièrement vers les métropoles. Cette loi a en effet programmé la création au 1er janvier 2015 des métropoles de Rennes, Bordeaux, Toulouse, Nantes, Brest, Lille, Rouen, Grenoble, Strasbourg et Montpellier, ainsi que de la métropole de Lyon qui dispose d'un statut particulier. Celles du Grand Paris et d'Aix-Marseille-Provence ont, elles, vu le jour au 1er janvier 2016. Ces nouvelles entités ont obtenu d'importants transferts de compétences, intervenant dans la voirie départementale, les transports scolaires et la promotion internationale du territoire. En 2023, la France compte 22 métropoles. Or cette logique de métropolisation est loin de faire l'unanimité et se voit de plus en plus critiquée, dans son principe comme dans ses effets. Certains observateurs contestent le fort développement économique qu'elle induirait quasi automatiquement, selon une formule magique importée du monde des entreprises : *big is beautiful*. Son modèle serait ainsi celui selon lequel « la vie des périphéries dépendrait essentiellement du rayonnement du centre », expliquent en 2018 Michel Godet, Bruno Jarry et Didier Chabaud dans un article sur « les limites de la métropolisation en France[18] ». « Or, de nombreux exemples montrent que des réussites territoriales sur des espaces périphériques ne doivent absolument rien à un quelconque centre, contestent-ils. [...] En Bretagne, la réussite des vêtements Saint James ne doit rien au centre régional qu'est Rennes. En Normandie, la réussite à Villedieu-les-Poêles de Mauviel, entreprise qui vend des ustensiles de cuisine en cuivre dans le monde entier, notamment à des cuisiniers étoilés, ne doit rien à un centre comme l'ancienne capitale régionale Caen. Dans les Pays de la Loire, les succès de Beneteau, champion mondial des bateaux de plaisance, ou de Fleury Michon, numéro un français du jambon, ne doivent rien à Nantes. En Auvergne, la réussite de Michelin [...] ne peut s'expliquer par la présence d'un centre, Clermont-Ferrand, capitale régionale jusqu'en 2015, mais seulement par l'innovation constante chez ce fabricant de pneumatiques. [...] C'est bien la création de ces dynamiques entrepreneuriales locales qui explique l'innovation, et non le fait d'être dans une métropole. » Les auteurs expliquent d'ailleurs qu'on est passé de la métropolisation, qui désigne une tendance, à la métropolarisation, qui définit « une vision idéologique selon laquelle les métropoles seraient automatiquement vouées à attirer l'essentiel des activités ».

C'est justement cette vision idéologique que critique Pierre Vermeren, professeur d'histoire contemporaine à l'université Paris 1 Panthéon-Sorbonne, dans son livre

L'Impasse de la métropolisation[19]. « La "métropolisation" est passée dans le langage courant depuis le début du XXIe siècle, constate-t-il. Elle décrit la manière dont la polarisation exercée par les métropoles a reconfiguré à la fois les rapports villes-campagnes et ceux qui s'exercent entre la ville-centre et ses banlieues, mais aussi les relations et les oppositions entre les classes sociales, la nature du tissu économique et ses performances, tout en réorganisant de vastes territoires autour d'elles. La métropolisation est une modalité du capitalisme néolibéral, présentée en idéal politique et de civilisation. L'idéologie dominante la pare de vertus morales imposées par les gagnants de la mondialisation. […] Il existe désormais deux France comme posées l'une sur l'autre : celle des métropoles, dont les villes sont reliées par des infrastructures en sites propres – n'oublions pas que les lignes de TGV et les autoroutes sont ceintes, tout du long, de barrières qui les clôturent, ce qui évoque l'autoroute qui ralliait Berlin-Ouest à la RFA à travers la RDA – ; et l'autre, la France périphérique, qui est passée du statut d'arrière-pays ou de bassin de vie à celui de zone de relégation, où la grande ville déverse son trop-plein d'activités et d'habitants. » Dans un avis publié en 2019, « Les métropoles : apports et limites pour les territoires[20] », le Conseil économique social et environnemental fait de son côté le constat d'un certain échec de la métropolisation sur le plan des inégalités territoriales. Inégalités constatées entre les métropoles elles-mêmes, mais surtout entre les métropoles et le reste du territoire. « La création de métropoles en France et la montée en puissance de certaines d'entre elles se sont accompagnées d'un sentiment d'accroissement des inégalités territoriales et/ou de décrochage pour beaucoup de ménages habitant hors des métropoles. [...] Ce ressentiment est partagé en particulier par nombre de personnes habitant des bourgs ruraux et des villes petites et moyennes, avec une concentration des difficultés dans le quart nord-est et le centre de la France. »

Dans leur rapport d'information sur « l'impact de la Loi NOTRe » publié en décembre 2019, les députés de l'Eure, Bruno Questel (LREM), et du Haut-Rhin, Raphaël Schellenberger (LR), écrivent sans détour : « La mise en œuvre de la loi NOTRe a été vécue, à bien des égards, comme une expérience traumatisante par les élus locaux. » De leur côté, les quatre sénateurs Mathieu Darnaud (Ardèche, LR), René Vandierendonck (Nord, socialiste et républicain), Pierre-Yves Collombat (Var, RDSE) et Michel Mercier (Rhône, UDI), observent dans leur rapport intitulé « Laisser respirer les territoires[21] », publié en mars 2017 : « Les élus communaux regrettent que le renforcement de l'intercommunalité s'accompagne du transfert de compétences communales, transformant les communes en “coquilles vides”. Ce constat renforce chez certains élus municipaux le sentiment d'une “subordination” des communes envers l'intercommunalité mais également, notamment en milieu rural, d'une perte d'identité des communes et de leurs habitants, la peur d'un déclassement, en raison de leur éloignement aux services publics. Cette perte de proximité est d'autant plus mal vécue dans un contexte d'agrandissement des régions et des intercommunalités. » Pour François Jolivet, député de l'Indre (Horizons) et ancien maire de Saint-Maur, commune de 3 500 habitants, « il sera difficile de réconcilier les habitants des communes avec les entités stratosphériques qui les surplombent, créées d'abord par l'intercommunalité, qui a eu pour effet d'éloigner d'eux les lieux de décision, ensuite par la loi [...] NOTRe, qui a accentué cet éloignement en mettant l'accent sur les départements et les régions ».

L'étincelle de la taxe d'habitation

Avec Emmanuel Macron, aussi, les maires ont eu des raisons de s'inquiéter, et ce dès la campagne présidentielle de 2017. Si sa politique s'est révélée plus favorable que celle de ses prédécesseurs sur la question des dotations, elle a en revanche très vite viré au conflit ouvert sur plusieurs sujets qui sont allés dans le même sens que la loi NOTRe, celui de la dépossession des maires de leurs compétences et de leurs moyens. L'étincelle a été l'annonce de la suppression de la taxe d'habitation, un important levier financier des communes, garant du principe constitutionnel de libre administration des collectivités. Après avoir annoncé cette promesse de campagne comme l'une des principales propositions en faveur du pouvoir d'achat des Français, Emmanuel Macron a confirmé, une fois élu, sa volonté de la mettre rapidement en œuvre. Lors de sa participation au 100e Congrès des maires, à Paris, le 23 novembre 2017, il officialise son inscription dans la loi de finance de 2018 pour un premier tiers, avant une suppression totale programmée pour 2020. Sa déclaration est accueillie sous les sifflets. La suppression de la taxe d'habitation ne passe pas, malgré l'annonce d'une compensation financière. C'est surtout leur perte de pouvoir que les maires contestent dans cette mesure, plus que la question financière avec de possibles pertes d'entrées fiscales (ces dernières n'ont d'ailleurs pas eu lieu : un rapport de la Cour des Comptes publié en octobre 2023 l'a confirmé). « [Les mairies] perdent beaucoup en autonomie avec cette suppression, puisqu'elles ne peuvent désormais plus jouer que sur les prix de la taxe foncière et des droits de mutation à titre onéreux [taxes imposées lors de la vente d'un bien immobilier], plafonnés, et dont la plupart des collectivités sont au maximum[22] », commente Thomas Grjebine, économiste au Centre d'études prospectives et d'informations internationales.

« Cette réforme qui a été faite sans concertation avec les élus locaux nous rend moins autonomes financièrement et plus dépendants de l'État[23] », déplore Gilles Leproust, maire (PCF) d'Allonnes, commune de 11 000 habitants de la Sarthe et président de l'association des maires Ville & Banlieue. Sentiment confirmé par une enquête menée en 2018 par le Cevipof auprès des maires de communes de moins de 500 habitants : « Les trois quarts des maires des petites communes dénoncent la perte de leur autonomie fiscale à travers la transformation de la taxe d'habitation en dotations, et dénoncent le fait que ces dernières ne soient pas garanties, révèle l'enquête. Les arguments justifiant la suppression de cette taxe parce qu'elle serait obsolète ou bien parce qu'elle va faire gagner du pouvoir d'achat aux contribuables ne les ont pas convaincus[24]. » L'étude dévoile qu'en priorité les maires ont choisi de réduire les investissements (49 % mettent cette réponse au premier rang), puis les services offerts aux usagers (25 % la placent au deuxième rang). Les autres solutions, comme l'augmentation des impôts, l'accroissement de l'endettement ou l'arrêt du recrutement d'agents territoriaux, arrivent loin derrière. À une écrasante majorité, les maires interrogés considèrent que l'État veut reprendre la main sur l'action des municipalités.

Face à la détermination du président de la République, les élus locaux décident de s'organiser et de se défendre comme sans doute jamais ils ne l'ont fait. Cette riposte prend la forme d'un « Appel de Marseille », lancé le 26 septembre 2018. Réunis au palais du Pharo, dans cette ville volontiers présentée comme l'éternelle rivale de Paris, les représentants des trois principales associations d'élus locaux prennent une initiative inédite : unir leurs forces dans une structure commune, baptisée Territoires unis. Ce qui donne encore plus de force à l'initiative, c'est le profil des présidents des trois organisations, des personnalités politiques de premier plan : François Baroin, très médiatique président de l'Association des maires de France et maire (LR) de Troyes, Dominique Bussereau, président de l'Assemblée des départements de France (ADF), ancien ministre de l'Agriculture et président (LR) du conseil départemental de Charente-Maritime, et Hervé Morin, président de Régions de France, de la région Normandie et du parti Les Centristes, et ancien ministre de la Défense. Tous trois se livrent à Marseille à un grand jeu de chamboule-tout, avec le président de la République pour cible. Le premier dénonce un « populisme d'État[25] », le deuxième déclare, sur le ton de la moquerie : « Les précieuses ridicules sont revenues aux affaires », tandis que le troisième met en garde le gouvernement : « Nous sommes dans un meeting politique avec des militants de la démocratie pour défendre nos territoires. » Ils publient un texte sous forme de manifeste, « Appel de Marseille pour les libertés locales », dont les termes sont particulièrement virulents et le ton alarmiste : « Nous ne pouvons plus accepter la prise de pouvoir et le mépris de plus en plus flagrant d'une technocratie enfermée dans ses certitudes et coupée de nos territoires et de nos vies. [...] Au plus près du terrain, des élus locaux colmatent les fractures de notre pays, portent l'essentiel de l'innovation et de l'investissement publics, maintiennent une qualité de vie et répondent avec toujours moins de moyens aux préoccupations quotidiennes de nos concitoyens. Le nombre inégalé de démissions de ces serviteurs désintéressés de notre pays doit aujourd'hui tous nous alerter. Il est temps d'entendre leur demande de considération et de faire cesser les causes de leur découragement. Loin d'être une quelconque menace pour la République, la décentralisation en est l'une des chances. Ce qui la mine, c'est l'ultra-concentration parisienne, ce sont les promesses non tenues d'un État thrombosé, c'est l'impression que l'avis des territoires ne compte pas, que les élus locaux sont vaguement consultés mais jamais écoutés. »

Si on ne peut s'empêcher de prendre en compte le critère partisan qui motivait ces personnalités de droite face à un président qui a dynamité les grandes familles politiques traditionnelles du paysage français, il faut toutefois constater que la colère et les griefs exprimés à Marseille étaient et demeurent très largement partagés par les maires et les élus locaux, quelle que soit leur appartenance partisane. « Dans la cité phocéenne, le mouvement de grogne franchit des sommets, constate Jean-Baptiste Forray, journaliste à *La Gazette des communes*. Fruit de la réunion du 26 septembre, la toute nouvelle association Territoires unis revendique le soutien du bureau unanime de l'Association des maires de France, de 96 présidents de départements et de la quasi-totalité des patrons de régions. Un cénacle de 1 200 élus qui penche plutôt à droite. Mais les leaders du PS à l'AMF, à l'ADF et à Régions de France, André Laignel, André Viola et François Bonneau, en font aussi partie. Quant à la maire socialiste de la capitale, Anne Hidalgo, elle encourage le mouvement[26]. »

Un hashtag qui ne passe pas

L'avertissement n'est pas vraiment entendu au sommet de l'État. Pas du tout, même. Le gouvernement remet le feu aux poudres avec le sujet de la taxe d'habitation. Moins d'un mois après l'« Appel de Marseille », vendredi 12 octobre 2018, le ministre de l'Action et des Comptes publics, Gérald Darmanin, invité dans la matinale de RTL, déclare que 6 000 maires ont augmenté le taux de la taxe d'habitation, invitant les auditeurs à aller sur le site de la Direction générale des finances publiques, placée sous son autorité, pour y trouver leur nom et vérifier si leur commune fait partie de la liste. Démarche appuyée par le Premier ministre Édouard Philippe, en visite à Clermont-Ferrand ce même 12 octobre, qui déclare à propos de cette liste de maires rendue publique par Gérald Darmanin : « Ils ont décidé d'augmenter le taux d'imposition alors que le gouvernement avait indiqué qu'il procédait par voie de dégrèvement. [...] Ils ont pris leurs responsabilités. Quand on prend des décisions, il faut les assumer. » Coïncidence étonnante, le même jour, des militants de La République en Marche créent un hashtag diffusé sur un réseau social pour dénoncer les maires qui augmentent leur taxe d'habitation : #BalanceTonMaire. Un mot clé qui reprend l'expression popularisée par le mouvement MeToo pour dénoncer les auteurs d'agressions sexuelles : #BalanceTonPorc.

La comparaison est insultante : elle rend les maires furieux et est condamnée de façon unanime. Le quotidien

Ouest France, réputé pour sa mesure et sa retenue, titre : « #BalanceTonMaire, un coup tordu qui peut se retourner contre Macron ». François Baroin dénonce une campagne de « dénigrement irresponsable[27] », un « dérapage insupportable », et demande à Emmanuel Macron de « faire cesser cette séquence déplorable ». Il précise : « 85 % des communes n'ont pas augmenté leurs taux de taxe d'habitation. Les 15 % qui l'ont fait n'ont pas été motivées par des considérations de politique nationale, mais par la recherche de financements nécessaires à l'accomplissement de leurs missions dans un contexte de baisse de leurs moyens. » François Rebsamen, le maire (PS) de Dijon qui ralliera Emmanuel Macron lors de la présidentielle de 2022, n'a pas de mots assez durs pour qualifier cette initiative : « Je dénonce la campagne calomnieuse #BalanceTonMaire contre les élus locaux. Cette manœuvre grossière n'est pas digne du respect républicain entre opposants politiques. Ce sont des arguments populistes dignes d'un autre temps. Le débat démocratique doit être pris au sérieux[28]. »

Certains maires paient durement les conséquences de cette campagne, à l'exemple de Vincent Morette, maire (PS) de Montlouis-sur-Loire, qui se voit accuser dans un tweet reprenant le hashtag #BalanceTonMaire d'avoir augmenté la taxe d'habitation de 30 %, ce qui est faux. Or le tweet se conclue par une insulte : « pourriture ». Le maire porte plainte. « Le hashtag #BalanceTonMaire nous assimilait de fait à des délinquants, commente Olivier Paz, maire (LR) de Merville-Franceville, commune de 2 200 habitants, et président de l'Union amicale des maires du Calvados. Mais il oubliait que les maires sont aussi ceux qu'on réveille la nuit pour des bovins en divagation ou ceux qui vont prévenir les parents dont les enfants sont morts dans des accidents de voiture[29]. » Pas très loin de là, à Percy, en Normandie, le maire (divers droite) et président de Villedieu Intercom, Charly Varin, décide d'écrire aux députés LREM pour exprimer sa colère. Et pour dénoncer, derrière la violence du procédé, l'absurdité de certaines logiques d'État. « Je ne comprends pas l'intérêt de s'en prendre aux élus locaux qui font ce qu'ils peuvent et qui parfois n'augmentent pas les taux de la taxe d'habitation de gaieté de cœur, leur écrit-il. Nous avons créé une commune nouvelle entre Percy et Le Chefresne, et nous sommes obligés d'avoir un taux commun, qui se met en place sur cinq ans. Mécaniquement il baisse à Percy mais il augmente légèrement au Chefresne. Or ce dispositif de la commune nouvelle est encouragé par l'État. Donc on ne comprend pas trop l'intérêt de s'en prendre plein la figure alors qu'on répond à la volonté de l'État[30]. »

Pour les maires, c'est l'agression de trop, vécue comme une véritable déclaration de guerre. Elle est au cœur de nombreuses interventions d'élus au 101e Congrès des maires, où est présenté un grand plan de communication dont le slogan cingle comme une réponse à #BalanceTonMaire : #MacommuneJyTiens. Avec, dans les messages diffusés, un rappel des tâches quotidiennes accomplies par les maires : « Servir 8 millions de repas par jour à toutes les générations ? On le fait ! », « Gérer

331 514 équipements sportifs ouverts à tous ? On le fait ! », etc. Une campagne qui a pour but, selon François Baroin, de « combattre les discours stigmatisants et les procès injustes dont sont de plus en plus souvent victimes les communes et leurs élus ». Cet épisode du hashtag n'est vraiment pas passé, malgré les prises de position des responsables de LREM qui s'en sont par la suite désolidarisés. « Les regrets exprimés depuis ne changent rien à la violence de l'intention, son irresponsabilité, son injustice profonde à l'égard d'hommes et de femmes qui par-delà leurs différences ont en commun leur passion de la France », déclare François Baroin à la tribune de ce congrès.

Des corps intermédiaires qui dérangent

La façon dont le président de la République s'est comporté vis-à-vis des maires, dès son élection et de façon constante, illustre assez bien son mode de gouvernance, très adapté au régime de monarchie constitutionnelle de la Ve République, qui vise à évacuer les corps intermédiaires de ses prises de décision. Un mode de gouvernance auquel la plupart des présidents de la Ve République ont d'ailleurs adhéré, avec plus ou moins de zèle. Il a été parfaitement résumé par une formule de Nicolas Sarkozy, qui déclare en juillet 2017 : « En France, aucun corps intermédiaire, aussi légitime qu'il soit, ne peut faire écran entre le citoyen et l'État. » Il faut alors traduire « État » par « chef de l'État ». Emmanuel Macron a annoncé la couleur dès sa campagne présidentielle de 2016 dans un entretien accordé à l'hebdomadaire *Le 1*[31], avec une salve de formules virulentes contre les corps intermédiaires : « des morceaux de la société se sont organisés pour défendre leurs intérêts », « le corporatisme bloque tout », « les corps intermédiaires doivent être réinterrogés dans leur fonction », « si parler au peuple ou dire que les corps intermédiaires ne jouent plus leur rôle, c'est être populiste, alors je veux bien être populiste », etc. Parmi ces corps intermédiaires qu'il a voulu effacer du paysage, les élus locaux ont été l'une des premières cibles, particulièrement les maires (il y a eu aussi les syndicats, les associations, les intellectuels, les journalistes, les partis politiques, les parlementaires…). Il confirme ses convictions en la matière en 2019 devant des représentants des départements : « On est dans un drôle de système tout de même, où, chaque jour dans le pays, on dit "corps intermédiaires, démocratie territoriale, démocratie sociale, laissez-nous faire" et quand on donne la main, on dit "pardon, monsieur, c'est dur, reprenez-la"[32]. » Un éditorialiste du *Figaro*, Guillaume Tabard, résume sa façon de gouverner en une formule : « Macron, par-delà les corps intermédiaires ».

Un mode de gouvernance que décrypte Michel Wieviorka, directeur d'études à l'École des hautes études en sciences sociales (EHESS), dans son livre *Alors monsieur Macron, heureux ?*[33]. « Le rejet des intermédiaires, et donc aussi de la négociation, caractérise son mode de gouvernement, explique le sociologue. Aucun lieu de représentation ni de médiation, partis, élus locaux, syndicats, associations, institutions ad hoc, n'y a échappé. Il est vrai qu'ils étaient parfois en piètre état. Mais, au lieu d'aider à leur reconnaissance et à leur reconstitution, il les a méprisés, disqualifiés, cassés parfois. » Michel Wieviorka rappelle la « désinvolture » du président vis-à-vis des élus locaux lorsqu'il n'a pas invité « la plus importante de leurs associations, celle des maires de France, à la réunion de travail du 13 mars 2023 sur la décentralisation ». Un mode de gouvernance que le sociologue résume en une expression : « la verticale du vide ». L'austère et très Macron-compatible institut Montaigne s'est fendu lui aussi d'une note très critique sur l'attitude du président de la République à l'égard des corps intermédiaires. « Cette vision tenace, celle d'un corporatisme zombie inhibant le potentiel et le progrès de la société française, opposé à la doctrine révolutionnaire d'unicité du peuple nation, expression jamais faussée de l'intérêt général, est le fruit d'une longue tradition qu'il nous faut relire et interroger aujourd'hui[34] », écrit l'auteur de cette note, Blanche Leridon. Elle poursuit ainsi son réquisitoire : « Non seulement les populistes accentuent le déclin des corps intermédiaires, mais les hommes et les femmes politiques qui renoncent à construire un parti qui soit davantage qu'une machine électorale servant leur intérêt personnel contribuent au même phénomène. » Et elle conclut : « Le petit monde des intermédiaires serait ainsi en cours de cartellisation, chacun des acteurs s'influençant les uns les autres, formant cette caste défendant des intérêts contraires à ceux qu'ils doivent représenter, défendre ou informer. Là encore, cette perception d'entente qui s'entretient et se protège alimente le discours populiste et lui donne du crédit. Il est donc impératif de le corriger. »

Sujet tabou et loi du chiffre

La réduction massive du nombre de communes, sans même parler de leur suppression, est un sujet politique tabou qui n'a jamais été explicitement évoqué par aucun président de la République et par aucun Premier ministre alors même que tous les gouvernements depuis les années 2010 se sont bel et bien employés à la mettre en œuvre. Seul François Fillon, après avoir quitté Matignon et alors qu'il est candidat aux primaires de l'UMP pour la présidentielle de 2017, déclare furtivement, dans un entretien à *L'Express* le 24 juin 2014, qu'il est favorable à « la fusion-absorption des départements dans les régions et des communes dans les communautés de communes » et surtout que son projet est de supprimer 30 000 communes : « D'un seul coup, on supprime 100 administrations départementales et on passe de 36 000 communes à 6 000 ou 7 000[35]. » Mais il en reste là et ne renouvelle plus de telle déclaration… En dehors du monde politique, certains n'hésitent pas en revanche à aborder le sujet de front, qu'il s'agisse de groupes de pression ou de cercles de réflexion. Parmi ces derniers, l'Institut des politiques publiques, qui dépend de la Paris School of Economics et travaille avec le CNRS, publie en 2019 une note qui suggère de supprimer deux niveaux de collectivité locale : la commune et le département. Intitulée « Quel avenir pour les finances des collectivités locales françaises[36] ? », elle justifie la suppression des communes par l'argument principal de la fiscalité, expliquant que de telles mesures la rendraient à la fois plus lisible et plus génératrice d'égalité entre les territoires. « La fragmentation du territoire français en 34 968 communes pousse la compétition fiscale au maximum entre les collectivités, expliquent les chercheuses Emmanuelle Taugourdeau et Juliette Kies. Ensuite, depuis la loi NOTRe de 2015, chaque commune doit obligatoirement appartenir à un EPCI (établissement public de coopération intercommunale). Or, la création des EPCI a ajouté un échelon de gouvernement, accroissant la superposition fiscale [...]. Pour éviter une concurrence fiscale verticale renforcée, privilégier le niveau intercommunal plutôt que communal en imposant un régime fiscal unique à l'échelle de l'EPCI permettrait de conduire des politiques fiscales à une échelle plus cohérente au regard des mécanismes de la concurrence fiscale horizontale, tout en supprimant un échelon d'imposition. »

Parmi les groupes de pression, l'un des plus actifs sur la question des collectivités locales et des services publics est sans conteste l'iFrap (institut de la Fondation pour la recherche sur les administrations et les politiques publiques), connu pour les interventions de sa très médiatique directrice Agnès Verdier-Molinié. L'iFrap est enregistré comme lobby à l'Assemblée nationale et ne dissimule pas son inspiration ultra-libérale. Parmi ses thématiques de prédilection reviennent très régulièrement la réduction des dépenses publiques et la baisse du nombre de fonctionnaires. Ce sont précisément ces arguments qu'il met en avant pour justifier une proposition énoncée depuis 2014 : la suppression des petites communes. « En France, la fusion des petites communes (moins de 10 000 habitants) permettrait de supprimer les nombreux doublons et près de 120 000 postes de fonctionnaires territoriaux pour atteindre 6 milliards d'économies[37] », peut-on lire sur son site. Or cette proposition concernerait 97 % des communes et acterait donc la disparition d'au moins la moitié d'entre elles, soit 17 000. On ne sera pas étonné d'apprendre que l'iFrap a fait de François Fillon son candidat favori à la présidentielle de 2017.

À l'appui de sa proposition, l'institut mentionne un autre argument qui revient régulièrement lorsqu'est évoqué le statut des 34 945 communes françaises (chiffre au 1er janvier 2023) : leur nombre serait trop élevé par rapport aux pays européens voisins, et notamment par rapport à celui qui sert constamment de mètre étalon aux politiques publiques, l'Allemagne. Mais cet argument du chiffre (il y aurait « trop » de communes) n'est jamais très clairement ni justifié ni détaillé, en dehors de la volonté de se calquer sur une supposée loi de la majorité qui reviendrait à dire « Les autres le font, donc faisons-le ». Sont ainsi alignés des chiffres censés parler d'eux-mêmes : 40 %

des communes de l'Union européenne sont françaises, on compte en moyenne 1 891 habitants par commune contre 7 450 habitants pour les allemandes, 7 960 pour les italiennes, 15 507 pour les polonaises, 19 938 pour les belges ou encore 45 071 pour les néerlandaises (chiffres de 2017). Il est en revanche plus difficile de savoir comment fonctionnent ces communes et quels sont les services qu'elles procurent à leurs habitants. Ce qui donnerait tout de même un certain intérêt à la comparaison.

Même la Cour des Comptes, dans son rapport sur quarante ans de décentralisation publié début 2023, si elle dénonce « la persistance d'un trop grand nombre de trop petites communes » et souligne qu'« à la différence de la France [...], l'Allemagne, l'Espagne et l'Italie sont parvenues à en réduire drastiquement le nombre », n'arrive pas à développer d'arguments convaincants pour justifier la nécessité d'une telle réduction en France. À peine mentionne-t-elle de façon lapidaire la difficulté pour les maires de petites communes de gérer certaines questions techniques, comme l'urbanisme. Sans plus d'explications. Elle pourrait en revanche souligner que les maires et leurs conseils municipaux sont parfois les derniers représentants du service public dans des territoires abandonnés. Ou parler de leur rôle central dans le maintien du lien social. Critères qui entrent il est vrai avec difficulté dans des tableaux chiffrés. Mais qui expliquent sans doute assez bien « l'attachement des Français à leur commune » souligné par la Cour des Comptes. « Cet attachement reflète la demande d'une gestion plus proche des besoins des citoyens, que l'épisode des Gilets jaunes et la crise sanitaire ont sans doute encore accentuée, reconnaît l'institution dans son rapport. Les Français s'identifient ainsi davantage à leur commune qu'aux échelons supérieurs et connaissent mieux leur maire que le président du conseil régional, départemental ou communautaire. »

Le culte de la norme « miraculeuse »

Tous les épisodes vécus sous les présidences de Nicolas Sarkozy, François Hollande et Emmanuel Macron, du gel des dotations à la suppression de la taxe d'habitation, ont été d'autant plus mal vécus qu'ils sont venus s'ajouter à une contrainte plus ancienne et très ancrée, contre laquelle leurs gouvernements ont déclaré vouloir lutter mais qu'ils ont tous pratiquée, voire renforcée : l'accumulation des normes. D'un côté, on réduit les marges de manœuvre des maires, de l'autre, on les soumet à toujours plus de lois, de règlements et de décrets sans aucune souplesse possible, ni sur la méthode ni sur les délais. Une enquête effectuée par l'institut CSA en novembre 2020 révèle que ce sujet est parmi les plus sensibles pour les maires. À la question « Selon vous et parmi les propositions que je vais vous citer, lesquelles devraient être prioritaires pour les territoires ? », la réponse qui arrive en tête loin devant les autres, avec un taux de 70 %, est : « Simplifier les normes applicables aux collectivités territoriales » (suit la proposition « Supprimer des doublons entre l'État et les collectivités territoriales », à 58 %). Plusieurs éléments ont contribué à l'inflation de normes qui s'imposent aux collectivités locales. Il y a tout d'abord la multiplication des domaines thématiques où elles interviennent : protection de l'environnement, développement économique, protection et mise en valeur du patrimoine culturel, démocratie participative, inclusion des personnes en situation de handicap, protection des données personnelles (RGPD), transposition du droit européen, etc. Dans leur « Rapport [...] relatif à la simplification des normes imposées aux collectivités territoriales[38] » du 26 janvier 2023, la sénatrice (UDI) d'Ille-et-Vilaine, Françoise Gatel, et le sénateur (LR) du Cher, Rémy Pointereau, précisent en introduction que les élus eux-mêmes ont une part de responsabilité dans l'amoncellement d'obligations et de contraintes découlant des lois : « L'emballement normatif tient également à une croyance quasi mystique dans la norme miraculeuse qui protégerait voire guérirait. Il s'agit là d'un mal très français : quand ils ne savent pas répondre à une question, qu'ils veulent répondre à une "émotion" ou qu'ils manquent de moyens financiers, les pouvoirs publics cèdent volontiers à la création de la norme "magique", afin de donner l'impression, voire l'illusion, qu'ils ont réglé la question dans l'intérêt général. Nous avons parfois, sous l'effet de l'émotion par exemple, tendance à légiférer à partir de ce qui est bien souvent un épiphénomène. Notre société développe une culture de la norme « miraculeuse » qui prévient, qui empêche et qui guérit. Toutes ces lois d'émotion ont été prises comme si les citoyens pensaient que la norme pouvait être un "médicament". Force est d'admettre que les parlementaires portent une part de responsabilité dans ce culte voué à la norme. »

À défaut de trouver les moyens de réduire l'amoncellement de textes normatifs, l'État a mis en place un outil qui permet de le mesurer : la « statistique de la norme ». Chaque année, un tableau très précis des « indicateurs de suivi de l'activité normative » est publié sur le site Légifrance par les services du secrétariat général du gouvernement, sous l'autorité directe du Premier ministre, qui permet de connaître le nombre de lois, de décrets, d'arrêtés et de circulaires. Nous apprenons ainsi grâce à ces tableaux Excel que plus de 1 000 lois ont été votées en vingt ans, dont 63 % d'origine gouvernementale contre 37 % d'origine parlementaire. Quand on se penche sur les autres catégories de textes législatifs, les compteurs s'affolent. Pour la seule année 2022, ce sont 1 786 décrets réglementaires qui ont été publiés et qui comptent 10 730 articles. Quant aux arrêtés réglementaires, leur nombre en 2022 est de 8 077. Un autre critère permet d'avoir un aperçu de la production de textes normatifs, c'est le nombre de pages du *Journal officiel* : l'édition de 2022 en compte 71 293. Quant au nombre total de textes (lois, ordonnances, décrets, arrêtés) qui ont participé en 2022 à la transposition de directives européennes, souvent présentées comme des sources majeures de blocage et de contraintes, il est très modeste : 66. « Non seulement l'inflation normative complexifie les projets locaux, en retarde la réalisation, mais, en outre, elle en augmente significativement le coût, notamment pour les petites communes aux ressources techniques et financières limitées, déplorent Françoise Gatel et Rémy Pointerau. La multiplication des normes constitue donc indéniablement un frein au développement des territoires [...]. La direction générale des collectivités territoriales a indiqué qu'on pouvait évaluer à près de 2 milliards d'euros le coût total pour les collectivités locales de cette inflation normative, au cours de la période 2017-2021[39]. » Et les sénateurs de faire la comparaison avec le coût d'une mesure qu'ils préconisent, tout comme un grand nombre d'élus locaux : « Ce montant [...] est à rapprocher du montant de 1 milliard d'euros que coûterait en 2023 l'indexation de la [dotation globale de fonctionnement] sur l'inflation, indexation pour l'instant rejetée par le gouvernement. »

L'échec de la loi Handicap

Au-delà de leur nombre, c'est la lourdeur et la complexité de certaines normes qui mettent les maires dans l'embarras, quand elles ne les mettent pas en colère. Deux lois sont régulièrement citées à ce titre. Elles révèlent à elles seules l'absurdité d'un système. Car ces deux lois honnies par les maires visent des objectifs et des valeurs qu'ils sont une immense majorité à partager et à défendre :

la loi Handicap de 2005 et la loi Zan (loi Zéro artificialisation nette) de 2023.

La loi Handicap de 2005 reste l'un des grands marqueurs de la deuxième période de la présidence Chirac. Elle a été saluée de façon unanime comme venant combler des retards qui plaçaient la France dans les derniers rangs européens pour l'intégration des personnes handicapées et avec elles des personnes qui ont du mal à se déplacer : personnes âgées, femmes enceintes, enfants… Mais les obligations imposées aux maires, notamment en matière de voirie et d'accessibilité des établissements recevant du public, à l'élaboration desquelles ils n'ont pas été associés, se sont révélées pour beaucoup parfaitement irréalisables. Notamment dans les plus petites communes. Et ce pour deux types de raisons : budgétaires et techniques. Par exemple, l'obligation d'avoir des trottoirs d'une largeur de 1,40 mètre ne sera pas vécue de la même façon par une petite commune rurale que par une métropole. Elles n'ont pas les mêmes moyens financiers, pas les mêmes compétences internes, et souvent pas le même ordre de priorité sur le sujet : là où, dans certaines petites communes, il y a peu de personnes en fauteuil, peu de circulation et en revanche plus de solidarité entre voisins, une telle mesure s'imposera moins que dans des villes où des personnes handicapées restent cloîtrées chez elles en raison du manque d'accessibilité et de lien social. Très rapidement après la publication de la loi, face aux difficultés rencontrées par les petites communes, certains conseils généraux ont négocié de façon mutualisée, avec des organismes financiers, une offre de service complète offerte aux communes, comprenant un diagnostic d'accessibilité et des conditions de financement favorables (prêts bonifiés ou à taux zéro). Cela a été par exemple le cas du conseil général de Dordogne, qui a élaboré un dispositif incitatif au financement de mises en accessibilité des bâtiments publics, sous la forme de prêts bonifiés. Ce projet a mobilisé 6 millions d'euros de crédits départementaux sur la période 2007-2015, à destination de plus de 500 communes de moins de 3 000 habitants.

L'un des principaux problèmes posés par cette loi, comme par d'autres, a été le manque d'outils et de conseils pour accompagner les communes les plus en difficulté. À commencer par l'établissement d'un bon diagnostic lorsqu'on n'a pas d'agents techniques en capacité de le faire et encore moins de bureaux d'études intégrés comme dans les grandes villes. « Autant la loi de 2005 a été voulue et soutenue au plus haut sommet de l'État, autant la mise en œuvre de son volet “accessibilité” n'a pas mobilisé les pouvoirs publics autant qu'elle aurait dû », relèvent en 2012 les sénatrices Isabelle Debré (UMP) et Claire-Lise Campion (socialiste) dans leur rapport d'information « Loi Handicap : des avancées réelles, une application encore insuffisante[40] ». « L'absence de réel pilotage politique et technique des enjeux liés à l'accessibilité laisse ainsi les acteurs de terrain les plus volontaristes dans des difficultés inextricables (absence d'outils méthodologiques et de financements spécifiques, notamment pour les petites communes) et justifie l'inertie des plus récalcitrants. »

Pour appliquer les normes d'accessibilité aux personnes handicapées à un grand complexe sportif, la ville de Montceau-les-Mines (Saône-et-Loire) a dû par exemple détruire les tribunes et créer deux ascenseurs, alors que la mise en place d'un seul semblait suffisante aux élus. Le surcoût financier « très important » a été déploré par la maire (UMP) Marie-Claude Jarrot.

Alors que les mesures décidées par la loi de 2005 devaient s'imposer dès 2015, les délais ont dû être revus pour les rendre plus réalistes. Résultat, en 2023, seulement la moitié des objectifs ont été réalisés : sur 1,8 million d'établissements recevant du public, seuls 900 000 respectent les normes d'accessibilité. « La France a décidé en 2005 de rendre accessibles aux personnes handicapées tous les bâtiments qui reçoivent du public. Excellente décision, mais problème pour nombre de petites communes qui doivent aménager leur mairie ou d'autres bâtiments. Avec quel budget, selon quelle méthode[41] ? » reconnaît l'ancienne ministre Monique Pelletier, présidente du Conseil national handicap. Tout comme Carole Guéchi, déléguée ministérielle à l'Accessibilité au ministère de la Transition écologique, qui déclare en février 2023 : « Les petites communes peuvent manquer d'ingénierie et de moyens, et nous réfléchissons à des solutions pour les aider via différentes sources de financement[42]. » La non-prise en compte des particularités des communes, en fonction de leur taille notamment, et l'absence de dispositifs permettant de les accompagner au mieux aboutissent à cette situation absurde qui voit des élus parfaitement favorables aux objectifs d'une loi se trouver dans l'incapacité de les réaliser.

Mais l'application des lois peut aussi se heurter à un obstacle d'une tout autre nature : lorsqu'elle est rendue impossible… par l'application d'une autre loi. C'est ce dont témoigne Christophe Bouillon, maire (PS) de Barentin, commune de 12 000 habitants située en Seine-Maritime, et président de l'Association des petites villes de France (APVF), à propos de la loi de 2005 : « La mise en accessibilité d'un gymnase de ma commune nécessitait la construction d'une rampe, mais le plan de prévention des risques naturels inondation interdisait sur ce même bâtiment la création d'ouvrage en surélévation empêchant l'écoulement des eaux. » Autre contradiction très concrète rencontrée par ce maire : « Pour atteindre les objectifs de la loi Elan en termes de réduction des consommations énergétiques de certains bâtiments, il nous a fallu prévoir une isolation par l'extérieur. Or pour réaliser cette isolation sur certains bâtiments, il faut empiéter de 30 centimètres sur le trottoir. Mais en faisant cela, on ne respectera plus l'obligation de la loi de 2005 de porter la largeur des trottoirs à 1,40 mètre minimum… »

Une loi Zan mal partie

Un texte plus récent suscite lui aussi la colère de nombreux maires de petites et moyennes communes : c'est la loi Zéro artificialisation nette, dite loi Zan, de 2023 (venue modifier des dispositions prévues par la loi Climat et résilience de 2021). Afin d'atteindre des objectifs de lutte contre le réchauffement climatique et de préservation de l'environnement, cette loi vise à limiter l'artificialisation des sols. Elle veut en quelque sorte mettre un frein à la « bétonisation » galopante de la France, à l'œuvre depuis plusieurs décennies. Entre 2011 et 2021, ce sont près de 250 000 hectares qui ont été artificialisés, c'est-à-dire qui ont vu des espaces naturels, agricoles ou forestiers subir des constructions ou des aménagements. Ces actions d'artificialisation empêchent les sols de remplir des fonctions importantes pour la préservation du climat : le stockage du carbone, l'infiltration de l'eau et la préservation de la biodiversité. Pour cela, la loi a fixé l'objectif de zéro artificialisation nette en 2050, avec une étape intermédiaire de réduction de l'artificialisation de 50 % en 2030. Concrètement, chaque commune se voit désormais dans l'obligation de réduire de 50 % sa surface de construction et d'aménagement d'ici 2030 par rapport à ce qui avait été fait sur la période qui sert de référence, soit 2011-2021. Avant même d'évoquer la question de sa mise en œuvre, cette loi est vécue avec une forme d'injustice par les maires des petites communes qui estiment qu'ils n'ont pas ou très peu contribué à la bétonisation de la France. Or on leur impose les mêmes contraintes qu'aux grandes villes et métropoles qui ont créé de vastes zones commerciales et industrielles. Injustice renforcée par le fait que de nombreuses communes rurales subissent un dépeuplement et ont besoin de se rendre attractives pour leur survie : maintien d'écoles, de commerces, de services publics de proximité… Il faut pour cela pouvoir autoriser des permis de construire, et on imagine mal des villages se mettre à laisser bâtir des immeubles pour réduire la surface d'artificialisation. « Dans ma commune, nous ne pourrons délivrer que deux ou trois permis par an, commente Jean-Sébastien Halliez. Or, pour certaines familles, l'aboutissement d'une vie de travail, c'est la construction ou l'achat d'une maison avec jardin. Il faut pouvoir le comprendre. Par ailleurs, il y a des familles qui sont installées dans la même commune depuis des générations et qui veulent perpétuer cela. Comment faire si on ne peut pas autoriser un fils ou une fille à construire une maison pour rester en famille auprès de ses parents âgés ? »

Des associations environnementales ont partagé les interrogations soulevées par les maires. Dans un texte publié en mars 2023, le collectif Notre Affaire à Tous, tout en soulignant la nécessité d'atteindre l'objectif imposé par loi, reconnaît l'importance qu'il soit « territorialisé à petite échelle[43] ». Voici ce qu'écrit ce collectif : « Les ONG environnementalistes, dont Notre Affaire à Tous, considèrent que ce dispositif est indispensable pour limiter la destruction de la biodiversité en France et de tous les services qu'elle rend, et soutiennent une mise en œuvre rationnelle. Il ne s'agit pas de s'opposer au développement territorial, mais de mettre en place un développement équilibré qui prenne également en compte la protection de l'environnement, et la nécessité de construire des territoires résilients qui permettront d'atténuer les effets de la chute de la biodiversité. Les collectivités territoriales, de leur côté, sont soumises à de nombreuses contraintes d'ordre économique et social, outre les enjeux environnementaux. L'objectif Zan, tel que défini par la loi et précisé par deux décrets d'application du 29 avril 2022, a suscité de nombreuses inquiétudes pour les élu.e.s. Ils.Elles dénoncent notamment une recentralisation rigide en matière d'aménagements, tant en faveur de la protection de l'environnement que pour la réindustrialisation du pays. Les collectivités territoriales sont au cœur de l'atteinte de l'objectif Zan, puisque ce sont elles qui devront effectuer un compromis sociétal entre développement économique, atteinte des objectifs de logements sociaux, maintien d'espaces naturels, agricoles et forestiers. »

Des communes mises sous cloche

Ce texte est publié dans une période où le Parlement a décidé de revoir certaines dispositions de la loi Climat et résilience de 2021, issue de la Convention citoyenne pour le climat, afin de faire un geste en direction des zones rurales. C'est ainsi que plusieurs dérogations ont été votées. Par exemple, la mesure appelée « garantie rurale » par laquelle 30 775 communes rurales ont obtenu le droit de pouvoir artificialiser au moins un hectare d'ici 2031, à condition de se doter d'un document d'urbanisme avant le 22 août 2026. Or elle ne satisfait ni les ONG, qui considèrent que le nombre de communes éligibles est trop élevé, ni les maires ruraux qui expliquent que cette dérogation sera dans les faits très difficile à mettre en œuvre. Ils ont en effet trois ans pour rédiger un nouveau plan local d'urbanisme alors que la plupart d'entre eux n'ont pas le personnel pour le faire. Les communes rurales ont en général comme employés une secrétaire de mairie (ce sont très majoritairement des femmes) déjà débordée par une multitude de tâches aussi diverses que l'accueil du public, la préparation des conseils municipaux, la rédaction d'actes d'état civil et la comptabilité, et quelques agents dévoués à des tâches très techniques (voirie, entretien de bâtiments, espaces verts) qui n'ont absolument pas les compétences pour une telle mission. Ce n'est qu'à partir d'un certain seuil de plusieurs milliers d'habitants qu'une mairie peut employer un responsable juridique et/ou d'urbanisme. La seule solution pour les plus petites communes est alors d'avoir recours à un cabinet extérieur. « 10 000 communes rurales vont donc être pénalisées et sorties du dispositif parce qu'elles n'ont pas 10 000 euros à verser à un cabinet d'étude pour définir un [plan local d'urbanisme]. Ces 10 000 communes vont être mises sous cloche, elles ne pourront plus accueillir de nouveaux habitants[44] », dénonce Michel Fournier, maire des Voivres, commune de 320 habitants des Vosges, et président de l'Association des maires ruraux de France.

Un autre aspect de la loi Zan est contesté par les maires : le fait d'avoir confié sa mise en œuvre aux régions. Ce sont elles qui vont définir les zones à artificialiser à travers leur schéma régional d'aménagement et de développement durable du territoire (Sraddet). C'est donc à l'exécutif régional que revient la mission de réaliser les objectifs fixés par la loi. Les maires n'auront leur mot à dire que dans une « conférence régionale de gouvernance de la politique de réduction de l'artificialisation des sols », composée d'une cinquantaine de membres, dont les représentants des communes constituent environ la moitié, et dont le caractère est uniquement consultatif. Quand ils ont découvert le contenu de ce décret, les maires se sont une nouvelle fois étonnés. « L'action du maire se trouve contrainte par les choix d'aménagement opérés par d'autres collectivités de catégories différentes (la région notamment), instaurant de fait une forme de tutelle rampante, au risque d'une uniformisation absurde, déplore Michel Fournier. Les sentiments d'injustice et de colère prédominent chez les élus de notre réseau face à des textes qui entérinent un déséquilibre territorial au lieu d'y remédier[45]. » Sentiments confirmés par Guillaume Guérin, président de la communauté urbaine de Limoges et vice-président de l'AMF : « Ce que demandent les maires, c'est de l'ingénierie. Les intercommunalités et les communes ont le sentiment d'être très éloignées de ce qui se passe en ce moment à la région. Les élus ont le sentiment d'une France à deux vitesses : une France urbaine qui dispose d'une ingénierie suffisante et une

France rurale qui ne l'a pas. Cette inquiétude, l'exécutif doit l'entendre[46]. »

Les maires ont été suivis dans leurs protestations par un allié de choix plutôt inattendu : le Conseil d'État. L'AMF a en effet déposé un recours devant la plus haute juridiction administrative à propos de trois décrets d'application de la loi Climat et résilience de 2021. Le 4 octobre 2023, le Conseil d'État censure une partie du décret d'application de la loi portant sur la « nomenclature » de l'artificialisation des sols. Selon la plus haute juridiction administrative, la loi impose au gouvernement de « préciser à quelle échelle les zones artificialisées doivent être identifiées », ce qu'il n'a pas fait.

PARTIE 3

Des fanatiques de la transparence

Si l'inflation des normes empoisonne à ce point la vie des maires, c'est qu'elle a aussi pour conséquence d'accroître les risques judiciaires pour eux. Avec l'accumulation de règles et d'obligations, dans des domaines de plus en plus nombreux et étendus (sécurité, environnement, santé…), ce sont autant de possibilités de poursuites devant les tribunaux qui pèsent sur leur fonction et sur leur personne. « La responsabilité d'un élu ne s'arrête pas toujours à son administration et encore moins à son mandat, précise Reynald Briec, avocat spécialisé en droit public. En cas de manquement à leurs obligations, les élus peuvent être exposés à engager leur responsabilité personnelle. Aucun texte n'a en effet consacré en l'état et hormis pour le président de la République l'irresponsabilité des élus[1]. » Une responsabilité d'autant plus lourde à porter pour les maires qu'elle se déploie sur trois types de juridiction : administrative, civile et pénale. Or une tendance actuelle pousse les citoyens à préférer le terrain judiciaire au terrain politique pour exprimer leurs désaccords et mener leurs combats. À l'occasion du 105e Congrès de l'Association des maires de France, en novembre 2023, la mutuelle spécialiste des collectivités locales SMACL a dévoilé son baromètre 2023 du risque pénal public local qui révèle notamment le nombre de poursuites judiciaires engagées contre des élus locaux. Un nombre qui atteint des niveaux records. Une projection réalisée à partir des trois premières années d'exercice des municipalités élues en 2020 prévoit que 2 338 élus locaux devraient être poursuivis pour la mandature 2020-2026, soit une hausse de 15 % par rapport à la mandature précédente. En moyenne, cela correspond à un élu local mis en cause chaque jour. Pour autant, le nombre de condamnations, lui, n'évolue pas à la hausse.

Logique du bouc émissaire

Deux facteurs peuvent expliquer ce phénomène. Tout d'abord, la judiciarisation de la vie politique. « Nous sommes passés d'une approche préventive de l'éthique publique avec l'adoption de différentes lois à un retour à la saisine du juge pour faire respecter les règles édictées, constate Aurore Granero, maître de conférences à l'université de Bourgogne-Franche-Comté et membre de l'Observatoire de l'éthique publique. Ce recours au juge, pénal surtout, [...] est aussi le reflet de la perte de confiance des Français envers les élus car, en saisissant le juge, ils recherchent un bouc émissaire[2]. » Pour

Philippe Bonnecarrère, avocat, sénateur (Union centriste) du Tarn, ancien maire d'Albi et auteur d'un rapport publié en 2022 sur la « judiciarisation de la vie publique », cette dernière trouve en partie sa source dans la crise de la démocratie. « L'affaiblissement des modes d'expression traditionnels et la prise de distance avec l'action politique conduisent nombre de nos concitoyens à se tourner vers les tribunaux pour faire avancer les causes qui leur sont chères », constate-t-il. Une judiciarisation de la vie politique dont il faut bien reconnaître que les élus sont en partie responsables. D'une part, elle est le prolongement des révélations de grandes affaires médiatico-politiques qui ont émergé dans les années 1980. « La responsabilité pénale du personnel politique constitue un phénomène complexe et contradictoire, consécutif à la juridisation de secteurs entiers de la vie politique qui étaient restés longtemps aux marges de l'État de droit. C'est notamment le cas du domaine lié à la vie des partis et aux campagnes électorales[3] », analyse Hugues Portelli, doyen de la faculté de sciences sociales et économiques de l'Institut catholique de Paris et ancien sénateur (LR) du Val-d'Oise. D'autre part, les tribunaux sont venus occuper une partie du vide que les politiques eux-mêmes ont pu créer, phénomène que certains appellent « le gouvernement des juges » : « La pénalisation de la vie publique répond en grande partie à un “désir du pénal” émanant d'une opinion excédée par l'impuissance du politique[4] », observe Jean-Éric Schoettl, conseiller d'État et ancien secrétaire général du Conseil constitutionnel.

Outre la judiciarisation de la vie politique, un deuxième facteur explique l'inflation des poursuites contre les élus locaux devant les tribunaux : le désir croissant de transparence. « Les citoyens, l'opinion publique, les médias, le juge ont peu à peu développé une nouvelle conception, exigeant de manière parfois intransigeante, voire excessive, la recherche de la transparence avec, comme corollaire, la recherche de responsables nommément désignés [...], explique Éric Kerrouche, directeur de recherche au CNRS, sénateur (PS) des Landes et ancien adjoint au maire de Capbreton, dans son livre *Le Blues des maires*[5]. La mise en jeu de la responsabilité pénale des décideurs publics s'inscrit dans cette logique et correspond à une tendance générale de nos sociétés vers une moralisation de la vie publique qui entretient la confusion effectuée entre responsabilité et culpabilité[6]. » Pression de la transparence qui s'est accrue au rythme des différents scandales qui ont fait la Une des médias. Ainsi, l'affaire Cahuzac révélée en 2012 par Mediapart a-t-elle entraîné la création de la Haute Autorité pour la transparence de la vie publique (HATVP), dans le cadre de la loi de 2013 relative à la transparence de la vie publique. « Dans l'Hexagone, les responsables politiques français font aujourd'hui face à une double injonction croissante de transparence, souligne Abel François, professeur à Sciences Po Strasbourg. D'une part, la réglementation a instauré [...] de nouvelles obligations déclaratives pour une grande partie d'entre eux [...] auprès de la Haute Autorité pour la transparence de la vie publique [...]. D'autre part, la pression médiatique et sociale les pousse à plus de transparence sur ces mêmes questions[7]. » Or le désir de transparence, s'il part d'une intention légitime, peut aboutir à une forme d'absolutisme qui frappe à l'aveugle et fait abstraction de certaines subtilités locales.

Dérives du déport

C'est ce qu'illustre tout particulièrement la question du déport. Ce terme technique désigne l'obligation pour un élu de ne pas prendre part à une délibération municipale qui porte sur une association, notamment pour lui attribuer des subventions, lorsque cet élu en est un dirigeant. C'est la loi de 2013 sur la transparence de la vie publique qui a prévu ce mécanisme. Il a été précisé par la suite que l'élu en question, afin d'éviter toute ambiguïté, devait sortir de la salle lors de la discussion et du vote de la délibération, et que le fait d'être un simple adhérent de l'association, et pas nécessairement un dirigeant, pouvait entraîner la nécessité du déport. C'est ce qu'a confirmé un avis du 3 mai 2022 de la Haute Autorité pour la transparence de la vie publique, qui précise qu'une analyse « au cas par cas » doit être menée. Or, dix ans après le vote de la loi de 2013, un premier bilan peut être dressé des dérives qu'elle a entraînées, particulièrement dans les petites communes. D'une part, de nombreux maires ne sont pas informés de cette obligation de sortir de la salle au moment du vote. Ce que nombre de nos interlocuteurs nous ont confirmé. La plupart d'entre eux ne comprennent d'ailleurs même pas le sens de l'obligation de déport. Surtout, il est arrivé que des élus soient poursuivis et condamnés pour absence de déport alors que l'exposé des faits laisse particulièrement perplexe devant le bien-fondé des poursuites.

Ça a par exemple été le cas dans une commune de 200 habitants située dans le Lot, Uzech-les-Oules. Le maire et trois conseillers municipaux ont été condamnés pour prise illégale d'intérêts pour avoir participé en 2018 au vote d'une subvention destinée à une association dont ils étaient membres. Il s'agissait en l'occurrence d'une association qui organise deux fois par an une fête des Potiers et pour laquelle le montant de la subvention s'élevait à… 250 euros. Le caractère pour le moins étonnant de cette condamnation a été accentué par les réquisitions du procureur : le représentant du Ministère public avait requis contre le maire trois mois d'emprisonnement avec sursis et une peine d'inéligibilité de deux ans. Bien que condamnés, les élus ont été dispensés de peine par les juges. Pour corser le tout, la procédure judiciaire a été ouverte sur le signalement d'un habitant de la commune, un certain S.B., au moment où il se présentait comme candidat aux élections municipales… contre ceux-là mêmes qu'il dénonçait, et qui finiront par être élus. « 250 euros, cela suffit à peine à faire la publicité nécessaire, les affichettes, avait plaidé l'avocat du maire et des adjoints. La subvention est votée depuis des années. La délibération du conseil municipal soumise au contrôle de légalité du préfet n'a pas été remise en cause. Le courrier de S.B. c'est celui d'un corbeau nourri de sa haine, pour discréditer ses futurs adversaires aux élections. Il n'y avait aucune intention délictuelle, aucun intérêt personnel. Cette situation se retrouve partout : beaucoup de conseillers municipaux sont aussi membres d'associations culturelles, sportives ou caritatives[8]. »

Le 12 mai 2023, un arrêt du tribunal administratif de Caen illustre de nouveau certaines applications difficilement compréhensibles de la loi en matière de déport. Le conseil municipal de Coulouvray-Boisbenâtre, commune de 530 habitants située dans la Manche, a voté en 2021 une subvention d'un montant de 1 685 euros au comité des fêtes et une subvention de 100 euros à une société de chasse. Un élu d'opposition a par la suite objecté que ces deux subventions étaient nulles, car des élus qui avaient participé au vote de la première subvention étaient membres du bureau du comité des fêtes, et que le maire qui a participé au vote de la subvention attribuée à la société de chasse était le président de cette dernière. Or le tribunal qui a été saisi a validé la première délibération, qui portait sur la subvention de 1 685 euros, et a annulé la seconde, qui portait sur la subvention de 100 euros… Pour justifier sa différence d'appréciation des deux délibérations, le juge administratif s'est appuyé sur un argument particulier, validé par un arrêt du Conseil d'État du 1er juillet 2019, celui des « intérêts de la généralité des habitants de la commune ». En effet, le juge a considéré que « le comité des fêtes poursuit des objectifs qui se confondent avec les intérêts de la généralité des habitants de la commune », et que « leurs présidents, trésoriers ou chargés de missions ne sont dès lors pas, en cette qualité, intéressés aux affaires concernant ces associations ». Tandis que « la société de chasse, dont le maire de la commune est le président, bien que dépourvue de but lucratif, poursuit des objectifs qui ne se confondent pas avec les intérêts de la généralité des habitants de la commune. Dès lors, le maire doit être regardé comme intéressé ». Mais comme le souligne la mutuelle SMACL, le juge pénal n'a pas les mêmes critères que le juge administratif. Pour lui, contrairement à ce dernier, la notion d'« intérêts de la généralité des habitants de la commune » n'entre pas en compte, en tout cas pas suffisamment pour relativiser l'importance du déport, qui reste un critère décisif pour constituer la faute. Voici ce qu'expliquent les experts de la SMACL dans un document à destination des élus locaux : « Ce qui est déterminant, pour le juge administratif, c'est de vérifier si le but poursuivi par l'association subventionnée (ou par l'élu directement) se confond ou non avec l'intérêt de celui de la généralité des habitants de la commune. La circonstance que des élus, membres d'une association, aient participé au vote d'une subvention à une association qui organise une fête au village ne soulève ainsi pas de problème aux yeux du juge administratif. Alors que pour le juge pénal, une telle subvention peut rentrer dans le champ de la prise illégale d'intérêts dès lors que des élus, membres du bureau de l'association, ont participé au vote de la délibération ou sont restés dans la salle au moment du vote. Et ce quels que soient le but de l'association et le montant de la subvention. [...] Pour le juge pénal, il est en effet indifférent que l'association subventionnée poursuive des intérêts qui se confondent avec ceux de la généralité des habitants. Cette discordance d'analyse soulève d'ailleurs en pratique des complications (avec des ballets incessants d'entrées et sorties de la salle) et des incertitudes juridiques qui auraient pu être levées par une autre rédaction de l'article 432-12 du Code pénal. Une proposition de loi sénatoriale avait été adoptée en ce sens à l'unanimité le 24 juin 2010 par le Sénat. Mais cette initiative avait finalement avorté[9]. »

« Machine à broyer »

Une autre affaire a soulevé un véritable tollé parmi les maires du département concerné, le Finistère : la condamnation en 2021 de Dominique Cap, maire (divers droite) de Plougastel-Daoulas, commune de 13 000 habitants, et de deux de ses adjoints. Il leur a été reproché de ne pas être sortis de la salle au moment du vote d'une subvention de 50 000 euros au profit d'une association sportive coprésidée par le maire et dont les adjoints étaient membres du conseil d'administration. Or cette association avait été créée afin de répondre à la demande de la Fédération française de cyclisme qui voulait faire de Plougastel la ville d'accueil de l'une de ses compétitions annuelles, les Championnats de France de l'Avenir, destinée aux jeunes sportifs. L'association a obtenu 140 000 euros de subvention de plusieurs collectivités du département. Le maire et ses adjoints n'ont pas participé au vote mais sont restés dans la salle. Ils ont par la suite déclaré qu'ils ignoraient l'obligation de quitter la salle. Les poursuites judiciaires ont été entamées à la suite d'un dépôt de plainte du référent local de l'association Anticor. La condamnation a été particulièrement sévère : pour le maire, 9 000 euros d'amende dont 1 500 euros avec sursis, et pour les adjoints, 6 000 euros dont 1 500 avec sursis. Voici comment Dominique Cap, par ailleurs président de l'Association des maires du Finistère, a raconté cette épreuve lors d'un colloque sur les conflits d'intérêts organisé à Paris en octobre 2022 par la SMACL : « Dans mon expérience de maire, je distingue deux périodes. Pendant la première période, de 2001 à 2012, j'étais insouciant, car personne ne m'attaquait ; c'est le cas de la majorité des élus. En 2012, un "plaignant compulsif" a décidé d'attaquer la mairie de Plougastel, et particulièrement son maire, sur différents sujets. La Cada (Commission d'accès aux documents administratifs) a été saisie à des dizaines de reprises, ainsi que le tribunal administratif et le tribunal correctionnel. Entre 10 et 15 plaintes ont été déposées contre la commune et particulièrement contre moi. [Ce plaignant] a agi d'abord à titre personnel puis a créé une association pour pouvoir continuer à saisir la Cada. Aujourd'hui, il est membre de deux ou trois associations, qui changent à chaque attaque. En 2012, nous avons été attaqués sur la gestion des ports, sur le conseil municipal, etc. [...] Je pensais naïvement que le fait de ne pas prendre part au vote suffisait. J'étais prudent ; je me méfiais. J'avais déjà été attaqué pour prise illégale d'intérêts. Non seulement [je n'ai pas] particip[é] au vote, mais j'ai demandé à mes adjoints de ne pas y prendre part, ce qui n'a [d'ailleurs] pas changé le résultat [du vote]. La subvention a été votée sans aucun problème. En revanche, je ne suis pas sorti de la salle du conseil municipal. Le fondateur d'Anticor 29 m'a attaqué ainsi que mes deux adjoints et le maire de Bohars. Une plainte a été déposée contre nous. Une enquête a été diligentée. Dès ce moment, j'ai eu droit à la presse quotidienne régionale qui titrait : "Le président des 1 200 maires de Bretagne soupçonné de prise illégale d'intérêts". Ce genre de titre fait tellement vendre ! C'est tellement facile ! Quand un élu est innocenté, il n'a droit qu'à deux lignes, voire à rien. Quand il est juste soupçonné, l'affaire donne lieu à des pages entières. J'y ai eu droit. Les lecteurs se demandaient combien j'avais détourné à mon profit. J'ai été sali, tout comme mes adjoints et l'autre maire. Cependant, je ne m'attendais pas à être condamné pour avoir organisé une course de vélo pour des enfants. Hélas, nous sommes entrés dans la machine à broyer[10]. »

Un an après Dominique Cap, c'est le maire d'une commune du même département, Lannilis, située à 30 kilomètres de Plougastel, qui a été condamné pour conflit d'intérêts et qui ne comprend toujours pas pourquoi. Au titre de président de la communauté de communes du pays des Abers, Jean-François Tréguer a participé au vote d'une délibération qui instaurait un droit de préemption sur un captage d'eau potable situé sur une parcelle de Lannilis dont il était propriétaire. Personnellement concerné, le maire aurait dû quitter la salle pendant le vote. Il a été condamné à 5 000 euros, dont 2 000 euros avec sursis. « Je n'ai jamais tiré le moindre profit de ce captage, s'offusque Jean-François Tréguer. C'est même l'inverse puisque j'ai mis un bien privé au service de la collectivité pour fournir de l'eau. C'est une double peine : je rends service, je perds de l'argent et en plus je suis condamné… C'est ubuesque[11] ! » Trois jours après sa condamnation, il a été soutenu par l'ensemble des maires de la communauté de communes qu'il préside, qui se sont regroupés autour de lui, écharpe tricolore en bandoulière, avant leur réunion de bureau. L'une des élus présents, Christine Chevalier, maire (divers gauche) de Landéda, explique les raisons de leur colère : « Dans l'esprit des gens, il y a condamnation, donc [culpabilité individuelle]. Le raccourci est vite fait, forcément tout le monde pense à l'enrichissement personnel, alors que ce n'est pas du tout le cas. C'est vraiment très inquiétant pour notre démocratie locale. »

Association et commune, un couple subtil

L'un des problèmes posés par le système du déport, c'est qu'il ne prend pas en compte certaines subtilités de la vie publique locale. Si des maires ou des adjoints conservent des responsabilités dans une association après leur élection, ce n'est pas par recherche d'un intérêt personnel mais le plus souvent parce qu'ils sont devenus experts de son domaine d'activité. Demander à un élu de s'abstenir lors de débats municipaux qui évoquent le bilan ou les projets de son association, c'est perdre l'occasion d'avoir un interlocuteur qui maîtrise le sujet. « L'élu qui connaît le mieux l'association n'a pas le droit d'intervenir en conseil municipal lorsqu'il s'agit de statuer sur les relations entre la collectivité et l'association », déplore Philippe Bluteau, avocat au barreau de Paris, spécialiste du droit des collectivités territoriales. C'est d'autant plus problématique que les associations ont un rôle décisif dans le maintien d'activités et de lien social dans les communes, particulièrement dans les plus petites. « La contribution associative à la cohésion sociale est multiple : les associations entretiennent les réseaux de relations au sein de la commune, favorisant la connaissance de l'autre et l'apprentissage de la vie collective, elles contribuent à faire des communes des lieux où il fait bon vivre, animés, conviviaux, riches de possibilités, où chacun peut s'impliquer », rappelle Jacques Malet, président de Recherches & Solidarités, réseau qui regroupe des experts du monde associatif et publie chaque année une étude de référence, « La France bénévole ». Or les élus locaux sont « des acteurs majeurs en milieu rural, du reste bien souvent engagés eux-mêmes au sein du secteur associatif[12] », souligne-t-il. Ainsi, comme l'explique l'Observatoire des collectivités de la SMACL, « les communes rurales sont sans doute plus exposées aux poursuites dans la mesure où ce sont souvent les mêmes personnes qui s'investissent au conseil municipal, au comité des fêtes, au foyer rural, dans l'association des parents d'élèves, dans les associations culturelles et sportives de la commune[13]... » Et c'est justement par peur d'être exposées à ce risque de poursuites judiciaires que « certaines collectivités ont choisi de limiter au strict minimum le recours aux structures associatives[14], souligne l'avocat Didier Seban. Une solution si tranchée peut toutefois apparaître discutable, au regard des vertus de réactivité et de proximité de ces structures associatives, qui matérialisent bien souvent de véritables initiatives citoyennes », prévient-il.

Le déport pose d'autres séries de problèmes qui touchent à l'organisation même de la démocratie locale. « On passe notre temps en interruptions de séance à cause des entrées et sorties des élus, souligne Yann Guével, adjoint au maire (socialiste) de Brest. Ces sorties posent un problème démocratique : la majorité peut se jouer à deux sièges, or, sur certains votes, à cause des déports, on peut assister à un changement de majorité. C'est un problème pour une assemblée démocratiquement élue. Dans notre cas, le budget n'a pas été voté, car l'opposition s'est retrouvée en position de majorité et avait choisi de voter contre[15]. » De son côté, Amaury Brandalise, cadre au conseil départemental de Gironde et vice-président de l'Association des administrateurs territoriaux, observe que le déport peut s'avérer trop compliqué à mettre en œuvre : « Les difficultés se posent aussi bien dans les petites collectivités, où l'équipe nécessaire fait défaut, que dans les grandes, confrontées à un problème d'échelle et de quantité de décisions publiques qui rend difficile la mise en place d'une pratique de déport fine sur chaque délibération. » Il a développé le sujet dans un livre blanc remis le 31 mars 2023 au président de la HATVP Didier Migaud, intitulé « 15 propositions pour mieux promouvoir la déontologie et l'éthique dans l'action publique[16] ».

Anticor à la barre

À Plougastel et Lannilis, comme dans de nombreuses autres communes, c'est un signalement de l'association Anticor qui a déclenché la procédure judiciaire pour conflit d'intérêts. C'est donc en grande partie autour d'elle que se pose, au niveau local, la question de possibles dérives engendrées par la quête de transparence. Un député (Renaissance) du Finistère, Didier Le Gac, interpelle en septembre 2022 la ministre chargée des Collectivités territoriales sur le sujet : « Ces associations pointent [...] le non-respect éventuel du déport de l'élu ou sa participation à un vote sur un sujet auquel il serait intéressé. Le formalisme juridique, voire le caractère purement procédurier de ces associations plaignantes censées lutter contre la corruption finit par aboutir à la mise en cause d'élus, voire à leur condamnation. Elle finit surtout par fragiliser beaucoup d'élus, notamment les très nombreux maires de petites communes et présidents de communautés de communes, qui se sentent menacés dans leur action par crainte de ne pas respecter scrupuleusement et à la lettre l'ensemble des procédures. Il convient d'ailleurs de souligner que ces élus, notamment dans les plus petites communes, sont souvent très impliqués dans la vie associative locale où ils sont bénévoles, voire membres actifs. C'est même souvent leur engagement au sein du milieu associatif local qui est à la base de leur engagement au sein d'une équipe municipale. Cette situation qui ne génère aucun enrichissement personnel est pourtant considérée comme une potentielle source de conflit d'intérêts, ce qui place ces élus dans une position extrêmement délicate à même de voir leur action suspectée en raison de leurs divers engagements[17]. » L'avocat Éric Landot, spécialisé dans le droit des collectivités locales, s'il constate que « des associations de ce type remplissent un rôle tout à fait utile dans son principe même », observe, lui aussi, certaines limites à leurs actions : « Il est difficile de tenir des structures locales qui s'improvisent justiciers et s'indignent parfois à tort et à travers (ou servent à des conflits locaux)[18]. » C'est un climat de suspicion généralisée que décrit de son côté l'avocat et professeur de droit public à l'université de Reims Yvon Goutal : « Le véritable problème est que le conflit d'intérêts soit devenu une composante du débat public. Les opposants s'en servent. Des associations, autoproclamées défenseures du bien public, interviennent dans les collectivités. Certains élus font l'objet d'enquêtes, qui se traduisent par un dossier de police transmis à la presse, ce qui représente un réel traumatisme. Alors que l'ambition affichée est d'obtenir une société pure, saine et transparente, elle aboutit à une situation où les élus ne savent pas s'ils se trouvent en danger[19]. »

Au cœur de ces interrogations et de ces critiques se trouve donc l'association Anticor, qui a fait la Une de l'actualité en 2023 à la suite du retrait de son agrément lui permettant d'agir en justice. Il est notable que peu d'élus locaux ont alors pris la défense de l'association. Créée en 2002 par le juge Éric Halphen et par Séverine Tessier, alors conseillère municipale (PS) de Clichy-la-Garenne (Hauts-de-Seine) et cofondatrice de la Convention pour la VIe République aux côtés d'Arnaud Montebourg, l'association Anticor a très rapidement gagné une forte notoriété en raison notamment de poursuites engagées dans le cadre d'affaires retentissantes : Bygmalion, sondages de l'Élysée, Guérini, Richard Ferrand, Benalla… En 2023, elle compte plus de 7 000 adhérents répartis dans près de 80 groupes locaux et cumule 161 poursuites judiciaires. Mais assez vite aussi, elle fait l'objet de critiques et de frondes internes. Certains de ses adhérents et dirigeants sont accusés de l'utiliser à des fins de carriérisme électoral ou de combats partisans. Par exemple, au moment de la démission en 2020 de Jean-Christophe Picard, président d'Anticor depuis 2015, pour se présenter aux élections municipales de Nice sur la liste emmenée par Jean-Marc Governatori, ancien homme d'affaires, cofondateur de l'Alliance écologiste indépendante et candidat à l'élection présidentielle en 2012 et 2022. Cette démission pour entamer une carrière politique fait planer des doutes sur ses réelles motivations lorsqu'il présidait Anticor. Deux ans plus tôt, un article de la *Gazette des communes* soulignait aussi que, pendant son mandat de président d'Anticor, Jean-Christophe Picard était, en plus de son poste de responsable de service au sein d'une mairie de 70 000 habitants, chargé d'expertises judiciaires. « Ce qui aide, précisait le journaliste, puisque l'une des principales missions de l'association qu'il préside est de signaler au parquet des faits susceptibles de recevoir une qualification pénale[20]. » Dans sa lettre de démission remise en juin 2020, Françoise Verchève, ancienne administratrice de l'association, opposante historique au projet d'aéroport à Notre-Dame-des-Landes et Prix éthique Anticor 2017, dénonce le fait que le président d'Anticor « ne s'était pas appliqué à lui-même les règles décidées pour les élections municipales ». En 2020, Jean-Christophe Picard est donc élu conseiller municipal de Nice et conseiller de la métropole Nice Côte d'Azur. Mais il n'est pas été le seul responsable à susciter critiques et doutes.

En mai 2023, le tribunal correctionnel de Thionville juge une affaire impliquant la vice-présidente de l'association Anticor et référente pour la Moselle, Edith Talarczyk. Ancienne élue de la commune de Terville, elle est poursuivie pour diffamation publique par le maire (LR) de Terville, Olivier Postal, à la suite d'un post qu'elle a publié sur un réseau social. Outre qu'il estime le message mensonger, le maire reproche à Mme Talarczyk d'avoir publié son texte deux jours seulement avant le second tour des élections municipales de 2020. Le tribunal annule la procédure pour cause de prescription. En juin 2023, c'est le référent local de l'association dans le département d'Eure-et-Loir qui est visé par une enquête du parquet de Chartres pour « chantage ». Il est soupçonné d'avoir tenté de faire pression sur le directeur de cabinet du maire de Chartres (à l'heure où nous bouclons ce livre, aucun jugement n'a été rendu). En 2014 déjà, l'un des cofondateurs et grande figure de l'association, Éric Darques, à l'origine de la condamnation du maire de Lille, Pierre Mauroy, en 2011 pour abus de confiance, décide de quitter l'association, l'accusant d'être au service exclusif d'un camp politique : « Anticor choisit ses combats. Aucun politique de gauche n'est attaqué, ou seulement les cas désespérés[21] », déclare en 2018 au *Monde* celui qui dit être dans cette association « le seul mec de droite ». En juin 2020, Françoise Verchère dénonce un dysfonctionnement plus général : « En vérité, Anticor, qui donne des leçons de vertu à tous, de la plus petite commune au sommet de l'État, ne s'applique à elle-même ni la transparence ni le fonctionnement démocratique qu'elle prône pour les autres[22]. » Démissionnaire lui aussi du conseil d'administration quelques mois après, en octobre 2020, le magistrat Alain Bressy déplore : « Nous ne pouvons réclamer à l'élu local une transparence que nous n'appliquons pas à nous-mêmes. »

Au-delà du cas précis d'Anticor, il est nécessaire de se pencher sur le bilan de la loi sur la transparence de la vie publique, en matière précisément de lutte contre les conflits d'intérêts, une dizaine d'années après son entrée en vigueur. Or ce bilan est pour le moins mitigé. Non seulement la loi a créé des situations infernales pour de nombreux maires à travers le système du déport, mais elle n'a pas permis de mettre fin aux pratiques de conflits d'intérêts qui concernent des acteurs politiques de premier plan. C'est en effet bien pour ce motif qu'en novembre 2023 un ministre de la Justice en exercice, Éric Dupond-Moretti, est jugé pour la première fois par la Cour de justice de la République. Et si elle le relaxe, c'est en constatant qu'il y a bien eu « une situation objective de conflit d'intérêts ». La même année 2023 voit par ailleurs le ministre du Travail Olivier Dussopt être jugé pour « favoritisme » (motif de poursuite retenu après trois ans d'une enquête initialement ouverte par le parquet national financier pour « corruption, favoritisme, prise illégale d'intérêts, complicité et recel de ces délits »), et le plus proche collaborateur du président de la République, Alexis Kohler, secrétaire général de l'Élysée, être mis en examen pour conflit d'intérêts. D'après le politologue Luc Rouban, le mal serait même plus profond : « Les conflits d'intérêts [...] ne sont que la partie émergée de l'iceberg, parce que ça fait scandale et que c'est illégal. Mais la vraie tragédie, c'est l'influence de fond des conseillers pantoufleurs dans les cabinets ministériels, en toute légalité[23]. »

Le syndrome du panier de basket

Il y a une autre catégorie de poursuites que les élus redoutent tout spécialement : celle qui engage leur responsabilité pénale pour faute non intentionnelle. L'article 121-3 du Code pénal prévoit en effet cette responsabilité en cas de « faute d'imprudence, de négligence ou de manquement à une obligation de prudence ou de sécurité ». Ce que les juristes appellent la « pénalisation de l'accident » et que les élus désignent entre eux comme le « syndrome du panier de basket », expression qui fait référence à un fait divers survenu le 5 décembre 1991. Ce jour-là, un lycéen de 17 ans qui joue dans la cour du lycée Paul-Éluard, à Saint-Denis (Seine-Saint-Denis), est tué par la chute d'un panneau de basket. L'instruction démontre qu'un premier poteau, qui présente des marques de corrosion identiques à celles trouvées sur le poteau ayant entraîné l'accident mortel, s'est effondré deux semaines auparavant. Ce qui est considéré comme un manquement à une obligation de sécurité motive la cour administrative d'appel de Paris à condamner la région, collectivité locale qui a la compétence des lycées. Voici ce que déclarent les juges : « La région Île-de-France, en sa qualité de maître de l'ouvrage public constitué par un tel équipement, n'apporte pas la preuve qui lui incombe de son entretien normal [...] en s'abstenant, après la chute du premier poteau, de prendre les mesures préventives qui s'imposaient, le chef d'établissement a commis une faute dans l'organisation du service public et dans l'exercice de la mission de sécurité qui lui est dévolue [...] ainsi, comme l'a jugé à bon droit le tribunal administratif, les responsabilités de la région Île-de-France et de l'État sont solidairement et conjointement engagées. » Sur le plan pénal, le tribunal correctionnel puis la cour d'appel reconnaissent la responsabilité de la région, et désignent l'intendant du lycée personnellement responsable de négligence (la responsabilité du proviseur est finalement écartée). En 2001, c'est la maire de Cournon-d'Auvergne (Puy-de-Dôme) qui est condamnée par le tribunal correctionnel de Clermont-Ferrand pour la mort à l'été 1996 d'un adolescent de 17 ans, décédé à l'hôpital dix jours après avoir été blessé par la chute d'un panneau de basket, installé cette fois sur un terrain de sport municipal. Alors que ce dernier était fermé au public, la victime est entrée avec un ami en escaladant le portail. Lors du procès, la maire dit assumer les erreurs qui ont pu être commises par ses services. Elle rappelle cependant qu'elle n'a jamais été personnellement informée du problème. Les services techniques ont, eux, signalé l'anomalie à un bureau d'experts qui était en vacances en août et avait pris rendez-vous pour intervenir en septembre. Or l'accident a eu lieu en plein mois d'août... La ville est reconnue responsable de la mort du jeune homme et condamnée à verser une amende de 100 000 francs à la famille ainsi qu'au remboursement des frais d'hospitalisation, d'obsèques et de justice[24].

Les poursuites contre les élus pour faute non intentionnelle se sont accélérées dans les années 1990 sous la pression de différents facteurs. L'avocat Daniel Soulez Larivière (décédé en 2022) s'est spécialisé dans le droit pénal des accidents et en a livré une analyse assez complète. D'un point de vue culturel, il explique que l'une des raisons pour lesquelles les citoyens et la justice veulent à tout prix désigner un coupable en cas d'accident réside dans la forte imprégnation de la tradition catholique française : « Lorsque l'accident arrive, il ne peut être causé que par le mal qui résulte évidemment d'un acte immoral. Et celui-ci, même s'il est involontaire, s'apparente à une sorte de "péché" objectif. » Du point de vue politique, il souligne que « la méfiance envers l'autorité administrative et les élus est devenue systématique et, à partir des années 1980, élus, maires, préfets et "décideurs publics" ont commencé à être mis en cause. Un mouvement politique de fond s'est créé[25] ». Du point de vue juridique, il rappelle que cette situation trouve son origine lointaine « dans l'unité de la faute civile et pénale depuis un arrêt de 1912 de la Cour de cassation ». Il faut ici rappeler, pour mieux saisir ce dernier point, que le délit pénal constitue un trouble à l'ordre public tandis que le délit civil porte atteinte à un intérêt privé. En ce sens, les juristes ont coutume de souligner que le délit pénal commande une répression tandis que le délit civil commande une réparation. L'unité des fautes civile et pénale avait pour conséquence d'ériger la condamnation pénale en condition d'indemnisation de la victime. « Ce principe plaçait donc le juge répressif devant un dilemme cornélien, explique Éric Landot. En cas de plainte avec constitution de partie civile, ou bien le juge décidait de relaxer les élus locaux, et les intérêts civils de la victime étaient sacrifiés, ou bien le juge décidait, afin de protéger les intérêts civils de la victime, d'entrer en condamnation, auquel cas c'est la réputation politique de l'élu qui était sacrifiée. Face à leur conscience, les juges ont pris le parti de la victime. »

La vague de condamnations d'élus pour faute non intentionnelle est lancée à la suite d'un événement très précis : l'incendie de la discothèque 5-7 dans la nuit du 1er novembre 1970, à Saint-Laurent-du-Pont (Isère). Cet incendie, dont la cause n'a jamais été connue mais qui était, selon l'avis général, d'origine accidentelle, provoque la mort de 146 personnes, toutes âgées de 14 à 25 ans. La responsabilité du maire est alors soulevée car le nombre élevé de victimes s'explique par l'impossibilité d'échapper au feu, faute d'issues suffisantes. On accuse le maire d'avoir donné son autorisation d'ouverture de l'établissement sans avoir procédé aux vérifications qui s'imposent. « Un maire, ça se remplace, un enfant, non », proclament les familles de victimes lors de manifestations réclamant sa condamnation. Le maire de la commune, les gérants et deux entrepreneurs sont déclarés coupables d'homicides et blessures involontaires. La peine prononcée contre l'élu, confirmée en appel, est de dix mois de prison avec sursis. Il s'agit de la première condamnation en France d'un maire dans le cadre de ses pouvoirs de police. Si cette affaire marque un tournant symbolique, elle n'est pas vraiment suivie d'autres condamnations pendant une vingtaine d'années. C'est surtout à partir des années 1990 que les poursuites judiciaires contre des maires pour faute non intentionnelle s'enchaînent, avec quelques affaires très médiatisées comme l'incendie des thermes de Barbotan (1991) ou l'effondrement de la tribune du stade de Furiani (1992).

Le fardeau d'être maire

Une accélération telle qu'il a fallu préciser les critères de la faute pour tenter de prendre davantage en compte les conditions d'exercice des élus, et particulièrement des maires de petites communes où les moyens juridiques comme techniques sont très limités. Et donc les moyens de prévenir les accidents. C'est pourquoi le Parlement a commencé à travailler sur le sujet pour affiner la loi. « Députés et sénateurs s'inquiétaient de la trop grande facilité avec laquelle les juges correctionnels risquaient de rendre les élus locaux, qu'ils étaient souvent eux-mêmes, pénalement responsables des homicides ou des blessures involontaires dus aux défauts de sécurité d'ouvrages ou d'activités publiques juridiquement placés sous leur contrôle[26] », commente Alain Sériaux, professeur de droit à l'université d'Aix-Marseille. Une évolution qui s'est faite en deux étapes, avec les lois de 1996 et de 2000. En 1996, le législateur introduit un alinéa à l'article 121-3 du Code pénal qui prend en compte « les moyens » à disposition du maire : la condamnation n'est dès lors possible que « s'il est établi que l'auteur des faits n'a pas accompli les diligences normales compte tenu, le cas échéant, de la nature de ses missions ou de ses fonctions, de ses compétences ainsi que du pouvoir et des moyens dont il disposait ». Mais cela n'a pas mis un frein aux condamnations. « Lorsque le législateur exigeait, en 1996, que soient pris en compte les moyens dont disposaient les maires pour exercer leurs compétences, il ne se doutait peut-être pas du retournement qui allait être opéré : à la lecture de cette décision, il semblerait que le maire soit d'autant plus responsable qu'il dispose de peu de moyens », analyse Philippe Bluteau. Il cite comme exemple la condamnation du maire d'une commune de moins de 900 habitants « pour la mort d'un jeune homme par électrocution, à la suite du contact avec les barrières métalliques délimitant la piste d'un bal [...], avec projection de mousse, organisé par le comité des fêtes de la commune ». La cour d'appel de Montpellier, confirmée par la Cour de cassation, a considéré que le maire « se doit d'être d'autant plus présent que sa commune est petite ».

« Dans les années 1990, les élus locaux ont exprimé des difficultés à exercer leurs fonctions dans un contexte de judiciarisation de la vie publique », remarque Luc Brunet, responsable de l'Observatoire SMACL des risques de la vie territoriale et associative. Le principal tournant législatif est donc intervenu en 2000, avec la loi Fauchon, du nom du sénateur (centriste) du Loir-et-Cher Pierre Fauchon. Cette loi a elle aussi ajouté un alinéa à l'article 121-3 du

Code pénal. Les élus ne sont désormais pénalement responsables que s'ils ont commis une faute qualifiée, c'est-à-dire s'ils ont « soit violé de façon manifestement délibérée une obligation particulière de prudence ou de sécurité prévue par la loi ou le règlement, soit commis une faute caractérisée et qui exposait autrui à un risque d'une particulière gravité qu'[ils] ne pouvaient ignorer ». L'avocat Daniel Soulez Larivière souligne l'importance historique de cette loi : « Depuis qu'en 1912 la Cour de cassation a créé la théorie de "l'équivalence des conditions", c'est-à-dire, en matière d'accident par exemple, l'identité de la faute civile et de la faute pénale, l'extension de la pénalisation de ces infractions involontaires a été considérable. Cette confusion a duré près de cent ans jusqu'à ce que, la répression atteignant les maires, les fonctionnaires, notamment les préfets, tous les "décideurs publics", la loi du 10 juillet 2000 vienne redistinguer les deux catégories de fautes, en exigeant pour le pénal une "faute caractérisée" ou une "violation délibérée d'une règle de prudence et de sécurité prévue par la loi et le règlement"[27]. »

Cependant, la notion de faute caractérisée a laissé cours à des interprétations très larges et contrastées. « Pendant deux ans, entre 2000 et 2002, les magistrats ont eu une interprétation de cette formule qui restreignait les cas de responsabilité des maires, observe Philippe Bluteau. Après 2003, on est retombé dans une forme d'insécurité. Les maires sont condamnés parce qu'ils auraient pu mobiliser d'autres moyens pour éviter l'accident. Ils doivent épuiser l'ensemble de ces moyens pour ne pas voir leur responsabilité engagée. » Une affaire souvent citée vient illustrer ce flou. À l'occasion de la fête de la Musique, une commune de 200 habitants organise un défilé musical, quand un automobiliste qui roule avec trois pneus lisses à plus de 100 kilomètres/heure déboule sur la voie de gauche après avoir coupé un virage annoncé par un panneau. Il blesse grièvement deux fillettes dont une deviendra tétraplégique. En 2003, la cour d'appel de Rouen condamne le chauffard ainsi que le maire pour faute caractérisée car ce dernier « n'ignorait pas le fréquent comportement irresponsable de certains conducteurs et la particulière gravité des risques auxquels ils exposaient autrui ». Les juges précisent que « les lourdes fautes » commises par le conducteur et « l'accident dont elles ont été la cause directe » n'étaient « ni imprévisibles ni inévitables ». En 2006, l'un des plus hauts magistrats du pays, Jean-Louis Nadal, procureur général près la Cour de cassation, plaide la cause des élus et le flou persistant de la loi : « La régulation par le droit pénal commande que les concepts soient connus, maîtrisés et stabilisés pour permettre aux personnes concernées de mesurer l'impact de leur responsabilité et pour adapter les comportements, évitant ainsi la survenance d'un dommage. Sur ce point, la notion de faute caractérisée reste peut-être à parfaire. »

En conclusion de l'un de ses éditoriaux matinaux sur France Culture, le 12 mai 2020, le journaliste politique Frédéric Says résume la nouvelle condition de maire : « Dans ces milliers de communes, où on ne trouve plus de candidats pour s'occuper de la chose publique, où les maires sortants sont obligés de se représenter faute de prétendants, qui voudra encore subir le fardeau d'une mairie, alourdi du poids des normes, des règlements, et désormais des mises en cause judiciaires ? »

CONCLUSION

Les violentes agressions commises en 2023 contre le maire de Saint-Brevin-les-Pins et celui de L'Haÿ-les-Roses ont déclenché un vaste mouvement de médiatisation, et avec lui d'empathie, du quotidien des maires, notamment de petites communes. Il a été difficile pour le gouvernement de l'ignorer et de ne pas réagir. C'est ainsi que certaines mesures ont été prises, et certaines autres annoncées. Parmi les premières, il y a eu dès mai 2023 la création d'un centre d'analyse et de lutte contre les atteintes aux élus, dont l'objectif est double : « de mieux connaître le phénomène des violences aux élus, de l'analyser et d'adapter la réponse opérationnelle en temps réel » et « de coordonner l'action des forces de sécurité qui agissent, sur le terrain, pour protéger les élus ». Au titre de ce dernier point, des mesures concrètes ont aussitôt été prises, qui ont mobilisé notamment préfets, gendarmes et procureurs : création d'un réseau de référents « atteintes aux élus » dans toutes les brigades de gendarmerie et les commissariats, afin que les élus aient un point de contact privilégié pour alerter sur les agressions dont ils font l'objet ; renforcement du dispositif « Alarme élu » qui permet aux élus qui se sentent menacés de se manifester auprès de leur commissariat ou de leur gendarmerie pour être secourus rapidement en cas d'appel au 17 et de bénéficier d'une vigilance renforcée de la part des forces de l'ordre ; rappel aux préfets du principe « Une menace = une évaluation », pour qu'ils puissent décider de mesures éventuelles de protection ; développement des sessions de sensibilisation à la gestion des incivilités et des violences, dispensées par le GIGN et le Raid, à l'attention des élus. Dominique Faure, la ministre chargée des Collectivités territoriales et de la Ruralité de l'époque, a également annoncé en novembre 2023 la création d'un numéro vert spécifiquement dédié à « la protection psychologique » des élus locaux. La ministre soutenait par ailleurs la proposition de loi déposée par le sénateur (LR) du Rhône François-Noël Buffet visant à renforcer « la sécurité des élus locaux et la protection des maires ». La version adoptée à l'unanimité par les députés et sénateurs réunis en commission mixte paritaire le 27 février 2024 prévoyait, d'une part, de renforcer les sanctions encourues par les auteurs d'agressions contre des élus : alignement des peines sur celles prévues pour les violences sur dépositaires de l'autorité publique (soit cinq ans d'emprisonnement et 75 000 euros d'amende si les violences ont entraîné une incapacité de travail inférieure ou égale à huit jours, et sept ans d'emprisonnement et 100 000 euros d'amende si cette incapacité de travail dépasse huit jours) ; création d'une peine de travail d'intérêt général en cas d'injure publique ; ajout d'une circonstance aggravante en cas d'atteinte à la vie privée et familiale des candidats à un mandat électif public, étendue aux atteintes visant la vie privée des élus et des membres de leur famille. D'autre part, elle renforçait l'accompagnement des élus par la justice, en prévoyant notamment l'octroi automatique de la protection fonctionnelle, c'est-à-dire la prise en charge des frais de justice, aux maires et adjoints victimes de violences, de menaces ou d'outrages. De son côté, l'Association des maires de France a élaboré une liste de 12 propositions, plutôt techniques, pour améliorer et protéger le statut du maire et des élus locaux, et notamment pour faciliter les allers-retours avec le monde du travail. L'AMF demande en outre la revalorisation du métier de secrétaire de mairie. C'est un poste clé, particulièrement dans les petites communes, qui non seulement est le premier susceptible d'être confronté aux récriminations des habitants au sein de la mairie, mais qui est aussi rendu particulièrement éprouvant et complexe par les multiples et très diverses tâches qui le composent : accueil du public, établissement d'actes d'état civil, urbanisme, préparation des conseils municipaux, comptabilité, ressources humaines. Or il n'est ni payé ni reconnu au niveau de sa complexité et de son importance. L'AMF propose une revalorisation à la fois salariale et statutaire. Ses propositions ont été reprises, parmi d'autres, dans un rapport réalisé par les sénateurs Catherine Di Folco (Rhône, LR), Cédric Vial (Savoie, rattaché LR) et Jérôme

Durain (Saône-et-Loire, socialiste, écologiste et républicain) qui comprend 17 recommandations.

En décembre 2023, les ministres Dominique Faure et Thomas Cazenave (chargé des Comptes publics) ont par ailleurs lancé une mission sur les coûts générés par les multiples strates de compétences des collectivités locales et par les accumulations de normes. Deux sujets qui figurent au rang de priorité absolue pour les maires. Et qui ont déjà fait l'objet de nombreux rapports…

PRINCIPALES AGRESSIONS DE MAIRES RENDUES PUBLIQUES EN 2023

Ain – Saint-Denis-en-Bugey
Le maire Pascal Collignon a été pris à partie et empoigné au col par une personne mineure extérieure à sa commune après qu'il avait demandé à des jeunes de sortir du parc de l'école maternelle où ils faisaient de la moto.

Ain – Saint-Jean-le-Vieux
Le maire Christian Batailly a été menacé à plusieurs reprises, notamment par l'un de ses voisins, après l'annonce de la création d'un centre d'accueil pour demandeurs d'asile (Cada).

Alpes-Maritimes – Isola
La maire Mylène Agnelli ainsi que des agents municipaux ont été la cible d'insultes et de menaces pendant plusieurs semaines par un habitant de la commune qui a crié devant la mairie la veille du 14 juillet : « Il va y avoir un drame. »

Ardèche – Berzème
Le maire Yannick Guénard a reçu à partir de son élection en 2020 une série de menaces et d'insultes qui l'accusaient notamment de ne pas être ardéchois. Ses pneus ont été crevés, sa voiture taguée, on a menacé de l'écraser si on le croisait sur la route. En juin 2023, il a reçu un courrier qui menaçait son fils de 22 ans. Une nuit de novembre 2023, quelqu'un a tiré avec une carabine à plomb sur sa maison.

Côtes-d'Armor – Plougrescant
La maire Anne-Françoise Piédallu a reçu des menaces de mort puis découvert, un jour, qu'une roue de sa voiture avait été desserrée et, un autre jour, que les quatre freins de son véhicule avaient été sectionnés.

Essonne – Boussy-Saint-Antoine
Le maire Romain Colas a été visé, ainsi que sa famille, par des lettres anonymes, puis a été la cible d'un tag qui le menaçait de mort, dessiné près de l'hôtel de ville et précédé des initiales « SS ».

Essonne – Orsay
Le maire David Ros et deux élus ont été violemment pris à partie puis agressés physiquement à coups de béquille et de poing par une habitante lors d'une réunion publique.

Eure – Nonancourt
Le maire Jean-Loup Justeau a été menacé verbalement et avec un extincteur par des personnes qu'il avait surprises

en train de cambrioler le local des services techniques de la commune en pleine nuit.

Finistère – Tréflévénez
Le maire Georges Philippe a été suivi en voiture et menacé de mort par l'occupant d'un mobile-home situé sur un emplacement interdit et dont il avait relevé le numéro d'immatriculation.

Gard – Manduel
Le maire Jean-Jacques Granat a été insulté et menacé de mort devant son domicile par l'un de ses voisins dont le chien avait été saisi à la demande du procureur, à la suite de plaintes d'habitants qui l'avaient vu errer sur la place du village.

Gironde – Mérignac
Le maire Alain Anziani a été insulté et menacé dans la médiathèque de la ville et a été la cible d'un tag sur un mur de la commune où son nom figurait à côté d'une croix gammée.

Haute-Garonne – Toulouse
Le maire Jean-Luc Moudenc et quatre élus ont été insultés, bousculés et ciblés par des jets de projectiles le soir de la fête de la Musique.

Haute-Saône – Saint-Germain
La maire Maryline Caravati, après avoir reçu de nombreux messages d'insultes et de menaces par courrier et

sur les réseaux sociaux, s'est réveillée une nuit de juillet et a trouvé la haie de son jardin en feu.

Haute-Saône – Vandelans
La maire Lou Bailly-Biichlé a démissionné après avoir été agressée par la locataire d'un appartement communal qui avait également proféré à son encontre des insultes homophobes.

Hérault – Grabels
Après avoir reçu des insultes et des menaces de mort, le maire René Revol, de retour d'une manifestation, a été agressé physiquement par des personnes qui l'ont plaqué contre un mur en lui reprochant d'être « l'ami des Arabes ».

Indre – Bélâbre
Le maire Laurent Laroche a subi une série d'insultes et de menaces de mort en pleine nuit après avoir annoncé l'ouverture d'un centre d'accueil pour demandeurs d'asile (Cada).

Indre – Vatan
Pendant une fête traditionnelle de la commune, un homme a insulté le maire Philippe Métivier et a tenté de le frapper avec un tesson de bouteille.

Indre-et-Loire – Château-Renault
La maire Brigitte Dupuis et le directeur du centre communal d'action sociale (CCAS) ont été menacés de mort par un habitant de la commune après un refus d'allocation.

Indre-et-Loire – La Riche

Pendant les émeutes de juin-juillet, le maire Filipe Ferreira-Pousos a été menacé de mort et a reçu des jets de pavés par-dessus le portail de sa maison. Puis sept personnes se sont introduites dans son jardin en pleine nuit pour incendier sa voiture de fonction.

Indre-et-Loire – Saint-Pierre-des-Corps

Le véhicule du maire Emmanuel François a été incendié sous ses yeux en pleine nuit pendant les émeutes urbaines.

Isère – Chantepérier

La maire Christelle Meheut a été interpellée et frappée par une habitante de la commune à la suite de la publication d'un arrêté interdisant l'accès d'un chemin de la commune aux véhicules.

Isère – Le Péage-de-Roussillon

Le maire André Mondange a été agressé à Avignon (Vaucluse) alors qu'il sortait d'un bar accompagné de membres de sa famille. Un groupe de personnes a accusé sa fille métisse de ne pas « être légitime en France ». L'un des membres du groupe a tenté de la frapper. Une bagarre a alors éclaté au cours de laquelle le maire a reçu un coup en plein visage.

Loire – Firminy

Le maire Julien Luya a été agressé un dimanche matin en sortant d'une réunion d'un club de pétanque après avoir

interpellé un groupe de personnes qu'il soupçonnait de faire du trafic de drogue. Après avoir été insulté, il a été la cible de jets de projectiles, notamment de barres de fer. Il a été blessé au bras.
Le 14 janvier 2024, Julien Luya a de nouveau été agressé : alors qu'il tentait de faire cesser un rodéo urbain, le père de l'un des pilotes mineurs l'a pris à partie et lui a fait tomber une moto sur la jambe. Le maire a eu quarante-cinq jours d'interruption temporaire de travail.

Loire-Atlantique – La Baule
Le maire Franck Louvrier a été la cible de menaces de morts reçues à l'hôtel de ville sous la forme d'un courrier comprenant des photos de la tête décapitée de Samuel Paty et d'un autre courrier mentionnant le massacre du Bataclan en soulignant que cela pourrait arriver à La Baule.

Loire-Atlantique – La Meilleraye-de-Bretagne
La maire Marie-Pierre Guérin, après avoir refusé l'inscription d'un enfant dans l'école de sa commune au motif que ses parents avaient fourni une fausse adresse, a été menacée par la mère de l'enfant qui l'a appelée pour lui dire qu'elle allait venir en mairie lui « casser la gueule ».

Loire-Atlantique – Saffré
La maire Marie-Alexy Lefeuvre a été menacée de mort par un habitant de sa commune qui avait été arrêté pour avoir commis des sévices sur son chien et son chat et pour avoir menacé des passants avec une arme.

Loire-Atlantique – Saint-Joachim
Le maire Raphaël Salaün a été la cible de lancées sur sa maison et sa voiture en pleine nuit.

Loire-Atlantique – Vertou
Le maire Rodolphe Amailland a été jeté dans un fossé après être intervenu pour empêcher l'installation illégale de caravanes sur un terrain de la commune.

Marne – Beine-Nauroy
À la suite d'un conflit avec un habitant qui avait commencé une construction sur un terrain de la commune sans autorisation d'urbanisme, le maire Romain Bonhomme a d'abord reçu des menaces de mort, puis il a eu la visite un matin à son domicile de cet habitant qui les a insultés, son fils de 15 ans et lui. Le soir même, cette personne est revenue proférer des menaces devant le domicile du maire où ne se trouvaient que sa femme et son fils. Il leur a dit qu'il les observait attentivement.

Meurthe-et-Moselle – Frouard
Le maire Pascal Bartosik a été insulté et menacé de mort par un habitant de la commune dont la voiture était sur un stationnement interdit et risquait d'aller en fourrière. Des armes et des munitions ont été retrouvées lors d'une perquisition chez lui.

Meurthe-et-Moselle – Magnières
Le maire Édouard Babel a été jeté au sol et frappé en pleine nuit par plusieurs personnes qui étaient réunies dans la salle des fêtes après qu'il leur a demandé de faire moins de bruit.

Meuse – Cléry-le-Grand
Le maire Philippe Chardin a été jeté au sol et frappé plusieurs fois alors qu'il était à terre par un habitant à qui il avait demandé de déplacer sa benne placée contre l'église, sur un terrain communal.

Nord – Escaudain
Le maire Bruno Saligot a été agressé dans la mairie à cause d'un conflit lié à un permis de construire.

Nord – Lys-lez-Lannoy
Le maire Charles-Alexandre Prokopowicz a été agressé alors qu'il tentait de mettre fin à un rodéo de deux-roues en centre-ville.

Oise – Maysel
Le maire Hervé Lefez a été pris à partie et frappé par un automobiliste qu'il a empêché à deux reprises de prendre une rue du village barrée ce soir-là en raison de la présence de nombreux enfants marchant dans les rues à la tombée de la nuit pour Halloween.

Pas-de-Calais – Nœux-les-Mines
Mécontent de ne pas avoir de réponse à sa demande de logement, un homme alcoolisé s'est rendu à la mairie où il a frappé des agents municipaux ainsi que le maire Serge Marcellak qu'il a poussé et à qui il a donné des coups de pied et de genou en le menaçant de mort. Les policiers qui l'ont arrêté ont découvert qu'il détenait un couteau.

Puy-de-Dôme – Volvic
Le maire Laurent Thévenot a été insulté et menacé de mort en mairie par des personnes venues se plaindre de coupures d'électricité sur leur terrain.

Pyrénées-Orientales – Molitg-les-Bains
Le maire Gérard Ques a été frappé par un habitant à qui il était venu demander de faire moins de bruit.

Rhône – Vénissieux
La maire Michèle Picard a été menacée de mort par une personne qui avait par ailleurs appelé à plusieurs reprises la police nationale.

Seine-Maritime – Mesnil-Esnard
Le maire Jean-Marc Vennin a été enfermé pendant deux heures à son domicile par la pose de cadenas sur les deux portails qui permettaient de sortir de chez lui.

Seine-Saint-Denis – Sevran
Le maire Stéphane Blanchet a été victime d'un corbeau qui diffusait des rumeurs sur les réseaux sociaux ou par mail auprès des agents de la ville. Ce corbeau a envoyé au maire un rapport de filature accompagné d'une photo qui attestait qu'il l'avait suivi toute une journée, ainsi que sa famille, jusqu'à son domicile.

Tarn – Saint-Sulpice-la-Pointe
Après que les services d'urbanisme lui ont refusé de construire une maison sur un terrain classé agricole, un habitant a menacé le fonctionnaire municipal puis annoncé qu'il brûlerait la mairie et qu'il s'en prendrait au maire Raphaël Bernardin : « Si je vois le maire, je lui dévisse la tête ! »

Tarn-et-Garonne – Montjoi
Le maire Christian Eurgal a été victime de menaces de mort par mail, par téléphone et sur les réseaux sociaux après la diffusion d'une vidéo réalisée par l'influenceur d'extrême droite Papacito qui le prenait pour cible.

Val-d'Oise – Franconville
Des tags menaçant de brûler un membre de la famille du maire Xavier Melki ont été inscrits dans un stade de la commune.

Val-d'Oise – Pontoise
Lors des émeutes de juin-juillet, la maire Stéphanie Von Euw, qui conduisait sa voiture, a été brûlée à la cheville par une

fusée d'artifice qui s'est écrasée sur son véhicule pendant que des personnes criaient : « C'est la maire, on va se la faire. »

Val-d'Oise – Sagy
Le maire Guy Paris a été victime d'une tentative d'étranglement alors qu'il discutait avec des personnes qui s'étaient installées illégalement sur le champ de foire du village et qu'il venait de conclure un accord avec elles quant à leur présence sur le lieu.

Val-d'Oise – Sannois
Le maire Bernard Jamet a été pris à partie pendant les émeutes de juillet par un groupe qui a tenté d'entrer de force dans la mairie et qui a crié : « Tuez le maire ! »

Var – Saint-Mandrier-sur-Mer
La maison du maire Gilles Vincent a été taguée d'une croix gammée en pleine nuit.

Vaucluse – Cairanne
Le maire Roger Rossin a été insulté et menacé de mort pour avoir demandé à un épaviste d'enlever ses affichages publicitaires sauvages.

Vaucluse – Sarrians
La maire Anne-Marie Bardet a été violemment insultée pour avoir signalé au conducteur d'un fourgon qu'il conduisait trop vite en traversant la place de la mairie où des enfants jouaient.

Vienne – Saint-Clair
Le maire Dominique Brunet a été frappé au visage par un automobiliste qu'il avait interpellé pour avoir grillé un feu rouge pédagogique, et qui a ensuite pris la fuite.

Vienne – Verrières
Le maire Christophe Viaud a été agressé par un employé communal qu'il était venu convoquer dans l'atelier municipal pour un entretien et qui l'a menacé en lançant des outils et en lui disant : « Je vais te défoncer. »

Yonne – Trichey
La maire Delphine Griffon a reçu un coup de poing d'une automobiliste à qui elle était venue dire qu'elle conduisait dangereusement, d'autant plus qu'il y avait du monde dans le village en raison du vide-grenier qui s'y déroulait.

NOTES ET RÉFÉRENCES

INTRODUCTION

1. Cevipof, « Des maires engagés mais empêchés », 21 novembre 2023 : https://www.sciencespo.fr/cevipof/sites/sciencespo.fr.cevipof/files/Enquete%20AMF-CEVIPOF-NOV-2023.pdf
2. « Élections municipales : comment 1 700 communes ont “disparu” depuis 2015 », *Le Monde*, 25 février 2020.

PARTIE 1
DES CITOYENS-CONSOMMATEURS

1. https://www.senat.fr/rap/r19-011/r19-011.html
2. https://twitter.com/CatherineVeyssy/status/1656688563629481985
3. « Vincent Jeanbrun, maire de L'Haÿ-les-Roses : outragé mais pas brisé », *Libération*, 10 juillet 2023.
4. « “Nous n'avons que le pouvoir de nous taire” : à mi-mandat, ces maires de l'Orne font le bilan », *Ouest France*, 30 mars 2023.
5. Cevipof, *art. cit.*
6. https://www.amf.asso.fr/documents-cinquieme-enquete-observatoire-la-democratie-proximite-amf-cevipofsciences-po-des-maires-engages-mais-empeches-/41958
7. Luc Rouban, *Quel avenir pour les maires ?*, La Documentation française, 2020.

8. Cevipof-AMF, « Les maires des communes de moins de 500 habitants », décembre 2018.

9. « L'abstention aux élections municipales : phénomène accidentel, tendance structurelle », Le Vent Se Lève, 13 juillet 2020.

10. « Les motifs de la confiance (et de la défiance) politique : intérêt, connaissance et conviction dans les formes du raisonnement politique », *Revue internationale de politique comparée*, mars 2003.

11. Sophie Braun, *La Tentation du repli*, Éditions du Mauconduit, 2021.

12. Fondation Jean-Jaurès, « Grosse fatigue et épidémie de flemme : quand une partie des Français a mis les pouces », 11 novembre 2022.

13. « L'agressivité montante mine les élus : "Qui voudra encore être maire en 2026 ?" », *Ouest France*, 11 décembre 2022.

14. « Coronavirus : dans la Loire, des maires plus que jamais "à portée d'engueulade" », France Bleu Saint-Étienne, 29 mars 2021.

15. « "Nous avons perdu la capacité d'attendre" : la pandémie vue par Hartmut Rosa », *L'Obs*, 31 janvier 2021.

16. « Ce que cache notre spleen post-Covid », Slate, 27 décembre 2022.

17. https://observatoire-engagement.org/wp-content/uploads/2022/11/Etude-2022-Observatoire-dauphine-version-finale.pdf

18. https://www.linkedin.com/pulse/individualisme-au-travail-la-p%C3%A9riode-covid-t-elle-vaunaize-fillon-hmjsc/

19. Fondation Jean-Jaurès, *art. cit.*

20. « Confinement : les maires qui ont imposé des masques "sont des lanceurs d'alerte" », Europe 1, 17 avril 2020.

PARTIE 2
UN ÉTAT HOSTILE

1. « Coronavirus : la fermeture "totale" de toutes les écoles "jamais envisagée", assure le ministre de l'Éducation », France Info, 12 mars 2020.

2. « Fermeture des écoles : les maires réagissent », *Le Progrès*, 12 mars 2020.

3. « Coronavirus : "Le scénario privilégié, un retour en classe le 4 mai", annonce Blanquer », *Le Parisien*, 22 mars 2020.

4. « Covid : les communes sous pression avec la fermeture des écoles », *Les Échos*, 3 avril 2021.

5. Jean-Claude Némery, « Le rôle du maire en temps de crise », *Revue française d'administration publique*, avril 2020.

6. https://paris.cour-administrative-appel.fr/decisions-de-justice/dernieres-decisions/la-cour-administrative-d-appel-de-paris-reconnait-la-responsabilite-de-l-etat-dans-la-constitution-d-un-stock-insuffisant-de-masques-avant-la-pande

7. « Les maires et l'État, une relation à rude épreuve », *Le Monde*, 10 mai 2021.

8. « Nicolas Sarkozy et l'UMP envisagent une modulation des dotations des collectivités », *La Gazette des communes*, 30 janvier 2012.

9. https://sciencespo. hal. science/hal-00972948/document

10. « Baisse des dotations : une si longue histoire… », *La Gazette des communes*, 19 août 2016.

11. https://www.assemblee-nationale.fr/dyn/16/rapports/cion_lois/l16b1087_rapport-fond

12. Cour des Comptes, « La décentralisation quarante ans après », rapport public annuel, mars 2023.

13. François Hollande, *Les Leçons du pouvoir*, Stock, 2018.

14. « Maires ruraux : "la loi NOTRe est un naufrage" », *La Gazette des communes*, 21 mars 2016.

15. « Opération métropole », France Info, 27 janvier 2013.

16. https://www.vie-publique.fr/discours/186022-declaration-de-m-francois-hollande-president-de-la-republique-sur-la

17. Fondation Jean-Jaurès, « Eau, assainissement et loi NOTRe : le changement, c'est maintenant », 13 juin 2016 : https://www.jean-jaures.org/publication/eau-assainissement-et-loi-notre-le-changement-cest-maintenant/?post_id=15752&export_pdf=1

18. « Innovation et territoires : les limites de la “métropolarisation” en France », *Population & Avenir*, mars 2018.

19. Pierre Vermeren, *L'Impasse de la métropolisation*, Gallimard, 2021.

20. Conseil économique social et environnemental, « Les métropoles : apports et limites pour les territoires », octobre 2019.

21. https://www.senat.fr/rap/r16-485/r16-4851.pdf

22. « Quinquennat Macron : Quel bilan pour la suppression de la taxe d'habitation ? », *20 Minutes*, 17 mars 2022.

23. « Devrons-nous payer un nouvel impôt local pour remplacer la taxe d'habitation ? », *Ouest France*, 24 novembre 2023.

24. Cevipof-AMF, « Les maires des communes de moins de 500 habitants », *art. cit.*

25. « Élus locaux : l'heure de la convergence des luttes a sonné », *La Gazette des communes*, 27 septembre 2018.

26. *Ibid.*

27. https://medias.amf.asso.fr/docs/DOCUMENTS/c1565f68c77f-daed1223958213d7e7bb.pdf

28. https://twitter.com/frebsamen/status/1050778423537397760

29. « Calvados. Les maires, “peut-être pas premiers de cordée mais premiers de corvée” », *Ouest France*, 5 novembre 2018.

30. « Balance ton maire : “On jette en pâture des élus qui essaient au quotidien d'être au service de leurs administrés” », France Bleu Cotentin, 18 octobre 2018.

31. « Que pense vraiment Macron ? », *Le 1*, 13 septembre 2016.

32. « Les corps intermédiaires, points de discorde », *Le Monde*, 22 janvier 2020.

33. Michel Wieviorka, *Alors monsieur Macron, heureux ?*, Rue de Seine, 2022.

34. Institut Montaigne, « Corps intermédiaires : accords perdus de la démocratie ? », avril 2023.

35. « Quand François Fillon voulait supprimer 30 000 communes », *La Gazette des communes*, 19 janvier 2017.

36. https://www.ipp.eu/wp-content/uploads/2019/11/n47-notesIPP-novembre2019.pdf

37. https://www.ifrap.org/etat-et-collectivites/fusionner-les-communes-de-moins-de-10-000-habitants

38. https://www.senat.fr/rap/r22-289/r22-289_mono.html

39. *Ibid.*

40. https://www.senat.fr/rap/r11-635/r11-63512.html

41. https://www.montreuil.fr/fileadmin/user_upload/08_Sante/05_Handicap/04_Vos_droits_et_demarches/Guide-accessibilite-communes.pdf

42. https://informations.handicap.fr/a-18-ans-apres-loi-2005-accessibilite-chimere-34379.php# :~ : text = Les % 20petites % 20communes % 20peuvent % 20manquer, pas % 20au % 20rendez % 2Dvous % 20 % C2 % BB.

43. https://notreaffaireatous.org/cp-proposition-de-loi-sur-lartificialisation-des-sols-vers-labandon-de-lobjectif-zero-artificialisation-nette-zan/

44. « "Zan", la loi anti-béton qui irrite les élus ruraux », *Ouest France*, 26 juin 2023.

45. « Foncier : Pour les maires ruraux, le projet "zéro artificialisation" entraîne "un déséquilibre territorial" », *La France agricole*, 7 décembre 2022.

46. https://www.banquedesterritoires.fr/congres-des-maires-zan-des-elus-toujours-mefiants-malgre-les-dernieres-adaptations-du-dispositif

PARTIE 3
DES FANATIQUES DE LA TRANSPARENCE

1. https://www.ey.com/fr_fr/government-public-sector/la-responsabilite-civile-administrative-et-penale-des-elus# :~ : text = Sur % 20ce % 20point % 2C % 20on % 20constatera, % C3 % A0 % 20engager % 20leur % 20responsabilit % C3 % A9 % 20personnelle

2. « Il y a un retour à la saisine du juge pour faire respecter l'éthique publique », *La Gazette des communes*, 6 mai 2022.
3. Hugues Portelli, « La pénalisation de la vie politique », *Pouvoirs*, janvier 2009.
4. Jean-Éric Schoettl, « Le désir du pénal », in *La Démocratie au péril du prétoire*, Gallimard, 2022.
5. Éric Kerrouche, *Le Blues des maires*, Fondation Jean-Jaurès, 2018.
6. https://www.persee.fr/doc/pomap_0758-1726_2001_num_19_3_2684
7. « Paraître transparent ? Les usages des déclarations d'intérêts des maires des grandes villes françaises », *Revue française d'administration publique*, janvier 2018.
8. « Lot : Dénoncés par un rival politique, pour avoir voté une subvention de 250 euros… », *La Dépêche du Midi*, 15 mai 2022.
9. https://www.observatoire-collectivites.org/spip.php?article9390
10. https://www.calameo.com/read/0048500253f6cc1918bbb
11. « Condamné pour prise illégale d'intérêts, le maire de Lannilis dénonce "une double peine" », *Le Télégramme*, 12 janvier 2022.
12. « Les associations, source de vitalité du milieu rural ? », *Pour*, février 2009.
13. https://www.observatoire-collectivites.org/spip.php?article9199
14. https://www.seban-associes.avocat.fr/wp-content/uploads/2015/08/pub_participationdeselus.pdf
15. « Au Congrès des maires, le risque pénal inquiète les élus », *La Gazette des communes*, 25 novembre 2022.
16. https://medias.amf.asso.fr/upload/files/230317_AATF_Deontologie_Ethique_Print_V2(1).pdf
17. https://questions.assemblee-nationale.fr/q16/16-1001QE.htm
18. https://blog.landot-avocats.net/2023/09/26/releve-du-ta-de-paris-la-contestation-dun-agrement-de-la-hatvp-permettant-de-saisir-celle-ci-affaire-anticor-nouvel-episode/

19. « Conflit d'intérêts : "Le juridisme ambiant pose plus de problèmes qu'il n'en résout" », *La Gazette des communes*, 16 janvier 2023.

20. « Jean-Christophe Picard, le chevalier blanc de l'éthique », *La Gazette des communes*, 13 avril 2018.

21. « Anticor, l'association qui veut vacciner les politiques contre la corruption », *Le Monde*, 26 janvier 2018.

22. « La lettre ouverte d'une référente d'Anticor, suspendue après avoir critiqué le fonctionnement interne de l'ONG », *Le Journal du dimanche*, 7 mars 2021.

23. « Conflits d'intérêts, pantouflage : en Macronie, le privé dans tous ses États », *L'Humanité*, 18 octobre 2022.

24. « La ville de Cournon condamnée pour la mort d'un adolescent », *Le Parisien*, 31 janvier 2001.

25. https://www.lajauneetlarouge.com/la-penalisation-des-accidents-en-france/

26. Alain Sériaux, « L'appréciation de la faute pénale d'imprudence en droit français contemporain », *Revue de science criminelle et de droit pénal comparé*, février 2017.

27. Daniel Soulez Larivière « De la victimisation et de nombreuses autres causes », *Pouvoirs*, janvier 2009.

#lisez! engagé
Pour plus d'information :
www.lisez.com
Imprimé sur du papier issu de forêts gérées durablement.

Cet ouvrage a été achevé d'imprimer sur Roto-Page
par l'Imprimerie Floch à Mayenne en avril 2024
N° d'édition : 17832/01 – N° d'impression : 104613
Imprimé en France